AF451496

BIBLIOTHÈQUE

DE

M. le Cᵗᵉ René de Béarn

Troisième Partie.

BIBLIOTHÈQUE DE M. LE COMTE RENÉ DE BÉARN

CATALOGUES EN PRÉPARATION

QUATRIÈME PARTIE :

Histoire de France de 1789 à nos jours.

Vues de Paris et de la France (1789-1871).

CINQUIÈME PARTIE :

Bibliographie.

Livres de différents genres.

SIXIÈME PARTIE :

Estampes et gravures historiques des origines à nos jours.

CATALOGUE

DE LA

BIBLIOTHÈQUE

DE

M. LE COMTE RENÉ DE BÉARN

———

TROISIÈME PARTIE

LA VENTE

aura lieu

le Lundi 25 et le Mardi 26 Avril 1921

à 2 heures précises

HOTEL DES COMMISSAIRES-PRISEURS

9, rue Drouot, Salle N° 7

Par le ministère de Mᵉ Henri BAUDOIN,

COMMISSAIRE-PRISEUR

10, Rue de la Grange-Batelière, 10

Assisté de M. Lucien GOUGY, libraire,

EXPERT PRÈS LE TRIBUNAL CIVIL

5, Quai de Conti, 5

Voir l'ordre des Vacations à la fin du Catalogue.

CONDITIONS DE LA VENTE

La vente se fait au comptant.

Les acquéreurs paieront 17.50 pour 100 en sus des enchères.

Les livres vendus devront être collationnés dans les vingt-quatre heures de l'adjudication. Passé ce délai, ils ne seront repris pour aucune cause.

M. Lucien GOUGY se réserve la faculté, dans l'intérêt de la vente, de réunir ou de diviser les numéros du catalogue. Il remplira les commissions qu'on voudra bien lui confier.

Les livres, composant ce catalogue, pourront être examinés à la Librairie Lucien GOUGY, 5, Quai de Conti, du Jeudi 14 au Mercredi 20 Avril 1921, de 2 heures à 5 heures.

Exposition, dans la salle où aura lieu la Vente, le Dimanche 24 Avril 1921, de 2 heures à 6 heures.

CATALOGUE

DE LA

BIBLIOTHÈQUE

DE

M. LE COMTE RENÉ DE BÉARN

TROISIÈME PARTIE

LIVRES ANCIENS
LA PLUPART RELIÉS EN MAROQUIN AVEC ARMOIRIES

CÉRÉMONIES, ENTRÉES, FÊTES
SACRE DES ROIS, ETC.

HISTOIRE DE PARIS, PROVINCES, VILLES

BLASON — GÉNÉALOGIES

PARIS

LIBRAIRIE LUCIEN GOUGY

5, QUAI DE CONTI, 5
(près le Pont-Neuf)

1921

I. — CÉRÉMONIES
ENTRÉES — FÊTES — SACRE DES ROIS

A.   GÉNÉRALITÉS

1. LE CÉRÉMONIAL de France, ou description des cérémonies, rangs et séances observées aux couronnemens, entrées et enterremens des Roys et Roynes de France, et autres actes et assemblées solemnelles, par Théodore GODEFROY. *A Paris, chez Abraham Pacard,* 1619, in-4, veau fauve, fil., chiffre au dos (*Rel. anc.*).

> Exemplaire aux armes de GASPARDE **de La Chastré,** 2ᵉ *femme de* JACQUES-AUGUSTE **de Thou.**
>
> PREMIÈRE ÉDITION de cet ouvrage dont certaines parties n'ont jamais été réimprimées.

2. LE CÉRÉMONIAL françois, contenant les cérémonies observées en France, aux sacres et couronnemens de Roys et Reynes, et de quelques anciens ducs de Normandie, d'Aquitaine, et de Bretagne : comme aussi à leurs entrées solennelles... les cérémonies observées en France aux mariages et festins : naissances et baptesmes, majoritez des Roys, estats généraux, assemblées des notables, licts de justice etc., recueilly par Théodore Godefroy et mis en lumière par Denys

GODEFROY. *A Paris, chez Sébastien Cramoisy*, 1649, 2 vol. in-fol.
réglés, veau marb., dos orné. (*Rel. anc.*).

Exemplaire en GRAND PAPIER aux armes de CHARLES NICOLAS **Le Clerc
de Lesseville**, *conseiller au parlement de Paris*.
Reliure fatiguée.

3. — LE MÊME OUVRAGE. 2 vol. in-fol., veau vert, fil. et
dent., dos orné, dent. int., tr. jaunes (*Lefèbvre*).

Déchirure enlevant un peu de texte aux pages 493-494 du tome II.

4. CÉRÉMONIES et coutumes religieuses de tous les peuples du
monde, représentées par des figures dessinées de la main de
Bernard PICART, avec une explication historique et quelques
dissertations curieuses. *A Amsterdam, chez J.-F. Bernard*, 1723-
1743, 9 vol. — SUPERSTITIONS anciennes et modernes, pré-
jugés vulgaires qui ont induit les peuples à des usages et à des
pratiques contraires à la religion, avec des figures qui représentent ces pratiques. *A Amsterdam, chez J.-F. Bernard*, 1733-
1736, 2 vol. — Ens. 11 vol. in-fol., mar. rouge, fil., fleurons
aux angles, dos orné, dent. int., tr. dor. (*Rel. anc.*).

Ouvrage intéressant orné d'un frontispice et de 264 planches gravées
en taille douce par *Bernard Picart*.
Les tomes I à IX (*Cérémonies*) sont en GRAND PAPIER. Les tomes X et
XI (*Superstitions*) sont en papier ordinaire et dans une reliure de la
grandeur de celle des neuf premiers volumes.
Bel exemplaire.

5. COSTUME des anciens peuples par M. DANDRÉ-BARDON.
A Paris, chez Ch. Ant. Jombert, 1772-1774, 2 vol. in-4, veau, fil.,
dos orné, dent. int. (*Rel. anc.*).

Ouvrage orné d'un frontispice, d'un portrait de l'auteur gravé par
Moitte d'après *Roslin* et de 362 planches relatives aux costumes, mœurs,
usages, cérémonies, des Grecs, des Romains, des Égyptiens, etc.,
gravées à l'eau-forte.

6. ENTREVUES de Rois et Princes souverains. Cérémonies
observées à jurer les traictez de paix. Cérémonies observées en

des festins royaux. Manuscrit in-fol., mar. rouge, comp. de fil.,
fleur de lis aux angles et au dos, tr. dor. (*Rel. anc.*).

Aux armes d'AUGUSTIN **Dugué de Bagnols,** *conseiller d'État.*
Copie manuscrite d'une belle écriture du xvii° siècle.

7. SÉJOUR royal à Compiègne depuis Clovis premier roy
chrestien, jusques à Louis Dieudonné à présent régnant (par
A. CHARPENTIER). *A Paris, chez Siméon Piget,* 1647, in-4, vélin
blanc. (*Rel. anc.*).

Cachet sur le titre.

8. TABLETTES DRAMATIQUES, contenant l'abrégé de l'histoire du théâtre françois, l'établissement des théâtres à Paris,
un dictionnaire des pièces, et l'abrégé de l'histoire des auteurs
et des acteurs, par M. le chevalier de MOUHY. *A Paris, chez
Sébastien Jorry,* 1752, pet. in-8, mar. vert, dent., dos orné, doubl.
et gardes de tabis rose, dent. int., tr. dor. (*Rel. anc.*).

Exemplaire aux armes de **Madame de Pompadour.**
Jolie reliure du xviii° siècle avec dentelles à petits fers autour des
plats.
Sur le premier plat de la reliure, au-dessus des armoiries, on lit en
lettres dorées: *Menus plaisirs.*

9. TRAITÉ des tournois, joustes, carrousels et autres spectacles
publics (par Claude François MENESTRIER). *A Lyon, chez Michel
Mayer,* 1674, in-4, mar. La Vall., fil. à froid, dent. int., tr. dor.
(*Duru*).

Excellent ouvrage orné de 21 vignettes en tête dont quelques-unes se
répètent.
Bel exemplaire.

10. TRAITÉ historique et chronologique du sacre et couronnement des Rois et Reines de France depuis Clovis I jusqu'à
présent et de tous les princes souverains chrétiens avec la
relation du sacre de Louis XV, par Mr. MENIN. *A Amsterdam,*

chez Jean van Septeren, 1724, in-12, mar. rouge, fil., fleur de lis aux angles, dos fleurdelisé, dent. int., tr. dor. (*Rel. anc.*).

> Bel exemplaire aux armes de **N. de Pontbriand, comtesse de Nangis.**
>
> Ouvrage orné d'un frontispice et d'une figure par *F. M. La Cave.*
>
> Notes manuscrites sur le titre et à la page 148, dont la marge est légèrement déchirée. — Table chronologique manuscrite des Rois de France depuis l'an 418 jusqu'à 1715 ajoutée. — Cette édition contient la relation du différend survenu entre Pierre Séguier, chancelier, alors exilé de la Cour, et Mathieu Molé, premier président du parlement de Paris et garde des sceaux.
>
> Cette relation sur les prétentions de ces deux fonctionnaires avait été supprimée dans l'édition de Paris, 1723, dont on joint un exemplaire relié en veau ancien.

11. TRAITTÉ de l'origine des cardinaux du Saint-Siège, et particulièrement des françois, avec deux traittez curieux des légats a latere. Et une relation exacte de leurs réceptions, et des vérifications de leurs facultez au parlement de Paris, faites sous les Roys Louis XII, François I, Henry II, François II et Charles IX (par Guillaume Du Peyrat). *A Cologne, chez Pierre ab Egmont,* 1665, in-12, veau fauve, fil., dos orné, dent. int. (*Rel. anc.*).

> Exemplaire aux armes de Nicolas **Lambert,** *seigneur de Thorigny et de Vermont.*

12. LE VRAY THÉATRE D'HONNEUR et de chevalerie, ou le miroir héroïque de la noblesse, contenant les combats ou jeux sacrez des Grecs et des Romains, les triomphes, les tournois, les joustes, les pas, les emprises ou entreprises, les armes, les combats à la barrière, les carrosels, les courses de bague et de la quintaine,... et autres magnificences et exercices des anciens nobles durant la paix. Avec le formulaire d'un tournoy tel qu'on le pourroit faire à présent avec les armes dont les gentils-hommes se servent à la guerre. Le tout enrichy de figures en taille douce sur les principales matières, par Marc de Wlson, sieur de la Colombière. *A Paris, chez Augustin*

Courbé, 1648, 2 vol. in-fol., veau marb., fil., dos orné. (*Rel. anc.*).

Ouvrage le plus curieux et le plus complet qui existe sur les pompes chevaleresques du moyen âge, orné de frontispices, portraits et figures par *Chauveau*, *Morin*, etc.

Une des planches, par *Chatillon*, représente le Carrousel de la place Royale en 1612.

Au verso du titre gravé on a collé une estampe allégorique avec les armes de Mazarin.

B. — ENTRÉES, VOYAGES, RÉCEPTIONS

13. LES GRADS TRIUM || PHES faictz à l'êtree du treschre || stien et victorieux Roy Henry || second de ce nô en sa noble | ville cité et université || de Paris. ❡ *On les vend à Paris par Je || han Laumussier librayre.* || *avec privilege* || *s. d.* (1549), pet. in-8 goth. de 16 ff. non chiff., non relié.

Un des livrets publiés pour servir de programme de l'entrée du roi Henri II à Paris. Au recto du 13ᵉ feuillet, commence la relation de : *La magnifique* || *entrée de la Royne en la vil* || *le de Paris qui fut fait* || *le le mardy xvii, jor* | *de juing mil ciq* || *cens quarâte* | *neuf.* Sur le titre : l'écu de France porté par deux anges.

Pièce très rare.

14. C'EST L'ORDRE QUI A ESTÉ TENU A LA NOUVELLE ET JOYEUSE ENTRÉE, que tres haut, tres excellent, et tres puissant prince, le Roy tres chrestien Henry deuxième de ce nom, a faicte en sa bonne ville et cité de Paris, capitale de son royaume, le sezieme jour de juin M.D.XLIX. *A Paris, par Jehan Dallier, s. d.* (1549), in-4, vélin blanc (*Rel. anc.*).

Un des chefs-d'œuvre de la gravure sur bois en France au xviᵉ siècle, et attribué tour à tour aux plus grands artistes. L'ouvrage renferme 11 planches en très belles épreuves.

Bel exemplaire très grand de marges. — Cachet sur le titre.

15. LA TRES ADMIRABLE, TRES MAGNIFICQUE ET TRIUMPHANTE ENTRÉE, du tresbault et trespuissant prince Philippe, prince d'Espaignes, filz de lempereur Charles V[e]; ensemble la vraye description des spectacles, theatres, archz triumphaulx, etc., lesquels ont este faicts et bastis à sa tresdesiree reception en la tresrenommee florissante ville d'Anvers, anno 1549. Premierement composee et descripte en langue latine par Cornille GRAPHEUS et depuis traduicte en franchois. (A la fin) : *Imprimé à Anvers, pour Pierre Coeck d'Allost,* 1550, petit in-fol., mar. La Vall., milieu et dos ornés, dent. int., tr. dor. *(Capé).*

Ouvrage curieux par les détails statistiques qu'il contient, orné d'un frontispice, d'une planche pour le privilège et de 29 planches gravées sur bois représentant des arcs de triomphe, des plans, des profils, etc. Bel exemplaire.

16. RECUEIL ET DISCOURS DU VOYAGE du Roy Charles IX, de ce nom à present regnant, accompagné des choses dignes de mémoire faictes en chacun endroit faisant sondit voyage en ses païs et provinces de Champaigne, Bourgoigne, Daulphiné, Provêce, Languedoc, Gascoïgne, Baïonne, et plusieurs autres lieux, suyvant son retour depuis son parlement de Paris jusques à son retour audit lieu, ès années mil cinq cens soixante quatre et soixante-cinq. Faict et recueilly par Abel JOUAN, l'un des serviteurs de sa Majesté. *A Paris. pour Jean Bonfons,* 1566, in-12 de 78 ff. chiff. et un feuillet non chiff. non relié.

Pièce rare.

Ce voyage se fit à petites journées. L'auteur mentionne les incidents remarquables arrivés pendant cette longue excursion, du 24 janvier 1564 au 1er mai 1566. Les lieux et objets remarqués par le Roi sont cités, et cet ouvrage est un précieux guide en France au xvie siècle.

Quelques entrées solennelles sont décrites avec les pièces de vers récitées. Le roi s'arrêta d'abord à Fontainebleau et l'ouvrage contient la relation des tournois et carrousels donnés pendant le temps de Carnaval.

17. BREF ET SOMMAIRE RECUEIL DE CE QUI A ESTÉ FAICT, ET DE L'ORDRE TENUE A LA JOYEUSE ET

TRIUMPHANTE ENTRÉE de très puissant, très magnanime
et très-chrestien prince Charles IX de ce nom, Roy de France,
en sa bonne ville et cité de Paris, capitale de son royaume, le
mardy, sixiesme jour de mars. Avec le couronnement de très
haute, très illustre et très excellente princesse Madame Elizabet
d'Austriche son espouse, le dimanche vingt cinquiesme et
entrée de ladicte dame en icelle ville le jeudi XXIX dudict
mois de mars M.D.LXXI. *A Paris, de l'Imp. de Denis du Pré,
pour Olivier Codoré,* 1572, in-4 réglé, vélin blanc, fil., milieu,
angles et dos ornés, tr. dor. (*Rel. du* xvie *siècle*).

Rare ouvrage orné de 16 planches gravées sur bois attribuées à
Olivier Codoré, tailleur et graveur de pierres. Toutes ces planches ont
été COLORIÉES ANCIENNEMENT. La relation est écrite par *Simon Bosquet,*
et entremêlée de vers de *Dorat,* de *Ronsard,* etc.

Légère réparation au dos et à un des plats de la reliure.

18. LE MAGNIFIQUE TRIOMPHE et éjouisâce des parisiés,
faictes en la décoratió des entrées du très-chrestien Roy
Charles, faicte le VI mars, (en sa ville de Paris) et de la Royne
(son espouse) le XXIX dudict mois, l'an mil cinq cens soixante
et unze, par N.N.D.L.F. *A Paris, par G. de Nyverd, s. d.* (1571),
in-12 de 8 ff. non chiff., mar. La Vall., doubl. aux armes et au
chiffre du comte René de Béarn, tr. dor. (*Chambolle-Duru*).

Cet opuscule en vers est de la plus grande rareté. Son auteur est
Nicolas Natey de la Fontaine. Le poème est signé de sa devise: *Avec le
temps.*

Le titre porte les armes accolées de Charles IX et d'Elisabeth, les
2 pages suivantes sont ornées des portraits de Charles IX et de la reine
Elisabeth, gravés sur bois.

19. DESCRIPTION des appareils, arcs triumphaux, figures et
portraitz dressez en l'hôneur du Roy, au jour de son entrée en
la ville de Paris, le sixième jour de mars M.D.LXXI. *A Paris,
de l'Imp. de Guillaume de Nyverd, s.d.* (1571), in-12 de 12 ff. non
chiff., mar. La Vall., doubl. aux armes et au chiffre du comte
René de Béarn. tr. dor. (*Chambolle-Duru*).

PREMIÈRE ÉDITION. L'auteur de cet opuscule en vers est *Jacques Prévos-
teau,* dont le nom se lit à la suite de l'épître dédicatoire. Le titre est

orné d'un portrait du Roi et au verso du dernier feuillet on remarque
un très joli fleuron gravé sur bois.

20. MANDEMENT DU ROY, pour le jour de l'entrée de la
Royne, sa très-chère et très-amée compaigne, en la ville de
Paris. *A Paris, de l'Imp. de Guillaume de Nyverd, s.d.* (1571),
in-12 de 3 ff. non chiff., mar. La Vall., doubl. aux armes et au
chiffre du comte René de Béarn, tr. dor. (*Chambolle-Duru*).

Pièce rare publiée au sujet de l'entrée à Paris d'Elisabeth d'Autriche,
femme de Charles IX.

21. ALEGRESSES au peuple et citoyens de Paris, sur la réception et entrée de très-illustre et très-héroïque princesse Elizabeth d'Austriche, Royne de France, en sa bonne ville de Paris,
par F. D. B. G. (François de BELLEFOREST.) *A Paris, chez Ger-
vais Mallot,* 1571, in-12 de 18 ff. chiff. et d'un feuillet non chiff.,
mar. La Vall., doubl. aux armes et au chiffre du comte René de
Béarn, tr. dor. (*Chambolle-Duru*).

Plaquette rare, en prose, entremêlée de pièces de vers.

22. HYMNE TRIOMPHAL SUR L'ENTRÉE et louange du très-
illustre et serenissime prince Henry, esleu Roy auguste de
Pologne, grand duc de Lithuanie : faicte à Paris le 14e jour de
septembre 1573. *A Paris, par Guillaume de Nyverd, s.d.* (1573),
in-12 de 10 ff. chiff. et un feuillet non chiff., préparé pour la
reliure.

Ce poème est l'œuvre d'un poète anonyme qui n'est désigné que par
les initiales F. R. O. P., dont il a signé l'épître de dédicace au grand
prieur de France. Sur le dernier feuillet, les armoiries de Pologne et le
chiffre de Henri de Valois gravés sur bois.

23. STANISLAI Carucovii episcopi Vladislaviensis ad Henricum
Valesium Poloniarum regem des. panegyricus. *Parisiis, apud
Michaëlem Vascosonum,* 1574. — LES OBSÈQUES ET FUNÉ-
RAILLES de Sigismond Auguste, Roy de Pologne, dernier
défunct. *A Paris, par Denis du Pré,* 1574. — L'ENTRÉE,
SACRE ET COURONNEMENT de Henry, à présent Roy de

Pologne. *A Paris, par Denis du Pré,* 1574. — DISCOURS faict
sur le royaume de Poloigne : auquel sont contenus l'origine du peuple, assiete du pays, façons de faire, qualitez,
richesses, forces, et moyens que les Polonois observêt à gou-
verner leur royaume. *A Paris, au mont S. Hilaire,* 1573. — LA
DÉCLARATION des seigneurs de Pologne, sur le retour du
Roy en France. *A Paris, par Denis du Pré,* 1574. — Ens. 5 pièces
en 1 vol. pet. in-8, vélin blanc, fil., milieu et dos ornés, tr.
dor. (*Rel. anc.*).

Toutes ces pièces sont rares, et dans une jolie reliure très bien con-
servée.

24. LA RÉCEPTION DU ROY, par l'empereur Maximilian, et
l'archiduc Ferdinand, et les Vénitiens. *Au Mans, par Hierosme
Olivier,* 1574, in-12 de 16 ff. non chiff., non relié.

Relation rare des différentes réceptions faites à Henri III, lorsqu'il
quitta la Pologne pour revenir en France.

25. LA SOMPTUEUSE ET MAGNIFIQUE ENTRÉE du treschrestien Roy Henri III de ce nom, Roy de France et de
Pologne, grand-duc de Lithuanie, etc., en la cité de Mantoue,
avec les portraicts des choses les plus exquises, par B. D. Vig^re^
(Blaise de VIGENÈRE). *A Paris, chez Nicolas Chesneau,* 1576, in-4
réglé, mar. bleu, fil. à froid, armoiries, fleur de lis aux angles et
au dos, dent. int., tr. dor. (*Masson-Debonnelle*).

Ouvrage orné de 8 planches gravées à l'eau-forte, et attribuées à
Jean Rabel.
Bel exemplaire sur la reliure duquel les armes de Henri III ont été
frappées.

26. ENTRÉE du Roy et de la Royne, en la ville d'Orléans, le
quinziesme jour de novembre, mil cinq cens soixante et quinze
(pour 1576), avec les harangues faictes à leurs majestez. *A
Orléans, par Eloy Gibier, s. d.* (1576), in-12 de 63 pp., préparé
pour la reliure.

Henri III passait par Orléans, avec la Reine, se rendant à Blois où
les États Généraux étaient convoqués pour le 25 novembre.

27. LA JOYEUSE ET MAGNIFIQUE ENTRÉE de monseigneur Françoys, fils de France et frère unique du Roy, par la grâce de Dieu, duc de Brabant, d'Anjou, Alençon, Berry, etc., en sa très-renommée ville d'Anvers. *A Anvers, de l'Imp. de Christophle Plantin,* 1582, in-fol. demi-rel. veau marb., tr. jaunes.

François, duc d'Alençon, dernier fils de Henri II et de Catherine de Médicis, venait se faire couronner duc de Brabant.

Cet ouvrage est orné de 21 grandes planches gravées à l'eau-forte, représentant le cortège du duc, les chars, les arcs de triomphe, feux d'artifice et le serment prêté sur la place publique. Ces planches sont attribuées à *A. de Bruyn.*

28. BRIEF DISCOURS DE LA MAGNIFIQUE RÉCEPTION faicte par la majesté du Roy Henry troisiesme, Roy de France et de Pologne, aux ambassadeurs des puissans et libres potentats, suisses, grisons, et leurs coalliez. députez à jurer l'alliance accordée entre sadicte majesté et lesdicts seigneurs des ligues, non imprimé jusques à présent à cause de la maladie et longue absence de l'autheur, par Charles TATT. *A Paris, chez Jamet Mettayer,* 1585, in-4 réglé de 38 ff. chiff. et un feuillet non chiff., vélin blanc, tr. dor. (*Rel. anc.*).

Ouvrage rare orné d'un portrait d'Henri III et d'une vignette gravés sur bois représentant les armes de la ville de Paris et d'une planche où sont gravées et coloriées les armes d'Henri III et des 19 cantons suisses.

Cet exemplaire est entièrement détaché de la reliure.

29. RÉDUCTION MIRACULEUSE DE PARIS sous l'obéissance du Roy treschrestien Henry IIII et comme sa Majesté y entra par la Porte Neuve, le mardy 22 de mars 1594. — COMME LE ROY alla incontinent à l'église de Nostre Dame rendre graces solemnelles à Dieu de cette admirable réduction de la ville capitale de son royaume. — COMME SA MAJESTÉ le mesme jour estant à la porte S. Denis, veid sortir hors de Paris les garnisons estrangères que le roy d'Espagne y entretenoit. *A Paris, chez la veufve Jean Le Clerc,* s. d. (1594), in-fol.

monté sur onglets, mar. rouge, comp. de fil., fleurons aux angles, dos orné, dent. int., tr. dor. (*Chambolle-Duru*).

Suite de 3 estampes gravées en taille douce d'après les dessins de *N. Ballery*. Elles représentent les divers épisodes de l'entrée de Henri IV dans Paris. Autour de chacune d'elles, un long texte explicatif est imprimé sur plusieurs colonnes.

On a relié à la suite :

1° LE PORTRAIT de très haut..... Henry le Grand..... qui trespassa en son palais du Louvre le vendredy 14° may 1610. *A Paris, chez Nicolas de Mathonière*, 1610. Estampe par *J. Briot*, représentant Henri IV mort, et sur un lit de parade. Texte explicatif sur trois côtés de l'estampe.

2° LE SACRE du Roy Louys trezième faict à Reims le dimanche 17 octobre 1610.

3° LE COURONNEMENT du Roy Louys trezième célébré à Reims le dymanche 17 octobre 1610.

4° L'ENTRÉE du Roy Louys trezième faicte à Paris le 30° octobre 1610 au retour du sacre.

Ces 3 dernières estampes sont gravées sur cuivre par *Quesnel, Nicolas de Mathonière* et *Héli du Bois*, avec un texte explicatif dans le bas sur deux colonnes.

Ensemble 7 planches très rares, en parfait état.

30. L'ENTRÉE de très-grand, très-chrestien, très-magnanime et très-victorieux prince Henri IIII, Roy de France et de Navarre, en sa bonne ville de Lyon, le IIII septembre l'an M. D. XCV de son règne le VII de son aage le XLII. Contenant l'ordre et la description des magnificences dressées pour cette occasion par l'ordonnance de messieurs les consuls et eschevins de ladicte ville (par Pierre MATHIEU). *A Lyon, de l'Imp. de Pierre Michel*, s. d. (1595), in-4, mar. vert, chiffre au dos (*Rel. anc.*).

Exemplaire aux armes de MARIE Barbançon, 1re *femme de* JACQUES-AUGUSTE de Thou.

Cet ouvrage est orné d'un portrait de Henri IV et d'une grande planche, gravée sur cuivre, représentant l'entrée du Roi ; cette planche est l'œuvre de *Jacques Périssin*.

Superbe exemplaire presque non rogné.

31. LABYRINTHE ROYAL DE L'HERCULE GAULOIS TRIOMPHANT, sur le suject des fortunes, batailles, victoires, trophées, triomphes, mariage et autres faicts héroiques et

mémorables de très-auguste et très-chrestien prince Henry IIII,
roy de France et de Navarre. Représenté à l'entrée triomphante de la Royne en la cité d'Avignon le 19 novembre
l'an M. DC, où sont contenues les magnificences et triomphes
dressez à cet effet par ladicte ville. *Chez Jacques Bramereau,
imprimeur en Avignon, s. d.* (1600), pet. in-fol., mar. bleu, fil. à
froid, dent. int., tr. dor. *(Capé).*

A son entrée dans Avignon le cortège de Marie de Médicis passa
dans un labyrinthe formé de sept détours ornés d'arcs de triomphe
rappelant les travaux d'Hercule : de là le titre de cet ouvrage. La relation de la cérémonie est d'*André Valadier.*

L'ouvrage est orné des portraits de Henri IV, de Marie de Médicis, et
de 12 planches, dont le titre frontispice, gravés sur cuivre par *Greuter.*
Bel exemplaire.

32. DISCOURS DE L'ARRIVÉE ET SOLEMNELLE ENTRÉE
de monseigneur Charles Gonzague de Clèves, duc de Nevers,
et de Rethel, pair de France, prince souverain Darches, et de
Portian, etc., gouverneur et lieutenant général pour le Roy,
aux provinces de Champaigne et Brie, faicte en Rome, le
25 novembre 1608, avec l'ordre tenu allant au consistoire, et
autres particularitez. Traduict de l'italien. *A Tolose, de l'Imp. de
la vefve de J. Colomiez,* 1609, pet. in-8 de 19 pp., cartonn.
bradel demi toile verte, coins *(Stroobants).*

33. LA ROYALLE RÉCEPTION de leurs majestez très-chrestiennes en la ville de Bourdeaus, ou le siècle d'or ramené par
les alliances de France et d'Espagne. *A Bourdeaus, par Simon
Millanges,* 1615, 2 parties en 1 vol. pet. in-8, vélin blanc
(Rel. anc.).

34. LES MAGNIFICENCES faites en la ville de Bourdeaux à
l'entrée du Roy le mercredy 7 de ce moys. *A Paris, de l'Imp.
d'Anthoine du Brueil,* 1615, pet. in-8 de 13 pp. mar. orange jans.,
dent. int., tr. dor.

On joint à l'exemplaire : MANDEMENT de monseigneur l'evesque de
Paris pour le voyage du Roy. *A Paris, chez François Julliot,* 1615, pet.
in-8 de 8 pp.

35. L'ARRIVÉE de la Royne, à Sainct Jean du Lud. Et ce qui
s'est passé de plus remarquable tant à l'eschange des Infantes
de Frâce et d'Espagne, que des pompes et magnificences faites
de part et d'autre, comme ce peut veoir par la lettre cy après
transcrite. *A Paris, pour Sylvestre Moreau,* 1615, pet. in-8 de
6 pp., non relié.

36. LA ROYALLE ET MAGNIFIQUE ENTRÉE de la Royne
dans la ville de Bordeaux, le XXVI de novembre 1615. *A Paris,
de l'Imp. d'Anthoine du Brueil,* 1615, pet, in-8, de 8 pp., cartonn.
bradel demi toile verte (*Dodé*).

37. LA RÉCEPTION faicte à Monseigneur le Prince à son
arrivée à Chantilly. Ensemble l'audience donnée de par le Roy,
audit seigneur, et les parolles tenuës entre luy et les autres
princes, dimanche 20 octobre. *A Paris, chez Silvestre Moreau,*
1619, pet. in-8 de 7 pp., non relié.

> On y joint :
>
> L'ORDRE tenu en la déclaration du Roy, sur la détention de la per-
> sonne de Monsieur le Prince. *A Paris, chez Abraham Saugrain,* 1616,
> pet. in-8 de 8 pp.

38. L'ENTRÉE royalle et magnifique du Roy en sa ville de
Bergerac. Ensemble l'humble remonstrance des députez de
l'assemblée et bourgeois de la Rochelle à sa majesté. *A Paris,
par Estienne de l'Oreille,* 1621, pet. in-8 de 15 pp., cartonn. bradel,
demi toile marron, coins (*Stroobants*).

> Pièce très rare.

39. LA VOYE DE LAICT, ou le chemin des héros au palais de
la gloire, ouvert à l'entrée triomphante de Louys XIII, roy de
France et de Navarre en la cité d'Avignon le 16 de Novembre
1622. *En Avignon, de l'Imp. de Bramereau,* 1623, pet. in-4, mar.
brun, semis de fleurs de lis et d'L couronnés sur les plats et
le dos, tr. dor. (*Rel. anc.*).

> Exemplaire au chiffre de **Louis XIII**.
> Cet ouvrage est orné d'un frontispice, d'un portrait de Louis XIII et

de 8 planches remarquables, gravés à l'eau-forte par *Louis Palma*, portugais. Ces planches représentent les arcs de triomphe, fontaines. palais, etc., élevés dans Avignon pour cette cérémonie. Le frontispice légèrement plus court a été remargé; cachet de bibliothèque sur le titre.

Curieuse reliure dont les plats et le dos sont entièrement couverts d'un semis de fleurs de lis et d'L couronnés.

40. LE SOLEIL AU SIGNE DU LYON, d'où quelques parallèles sont tirez, avec le très-chrestien, très-juste et très-victorieux monarque Louis XIII, roy de France et de Navarre, en son entrée triomphante dans sa ville de Lyon. Ensemble un sommaire récit de tout ce qui s'est passé de remarquable en ladite entrée de sa majesté et de la plus illustre princesse de la terre, Anne d'Austriche, Royne de France et de Navarre, dans la ville de Lyon le 11 décembre 1622. *A Lyon, chez Jean Jullieron*, 1623, in-fol., vélin blanc, fil., fleur de lis au dos, tr. dor. (*Rel. anc.*).

Exemplaire aux armes de la **ville de Lyon**.

Première édition de ce rare ouvrage, orné de 12 planches gravées par *Lefevre (Faber)*, *G. Huret*, *Autguers*, *Mallery*, etc., représentant les portiques et arcs construits à Lyon sur le chemin parcouru par Louis XIII.

On a relié à la suite : Réception de très-chrestien..... Louys XIII, roy de France et de Navarre, premier comte et chanoine de l'Eglise de Lyon et de très-chrestienne..... Royne Anne d'Austriche, par Messieurs les doyens, chanoines et comtes de Lyon, en leur cloistre et église le 11 décembre 1622. *A Lyon, par Jaques Roussin*, 1623, avec 7 planches gravées par *Audran*, *Huret* et *Faber*.

Très bel exemplaire dans sa première reliure.

41. COMBAT D'HONNEUR, concerté par les IIII élémens sur l'heureuse entrée de madame la duchesse de La Valette en la ville de Metz. Ensemble la resjouyssance publicq concertée par les habitans de la ville et du pays sur le même sujet. S. l. n. d. (*Metz, A. Fabert, 1624*), in-fol., mar. rouge jans. dent. int., tr. dor. (*Chambolle-Duru*).

Cet ouvrage très rare est orné d'un titre frontispice, de 3 planches d'armoiries et de 19 planches, dont 10 hors texte, gravées sur cuivre

représentant le cortège, les chars et arcs de triomphe. L'auteur de
cette relation est *Jean Motet*, de Briançon.
Bel exemplaire.

42. LA MAGNIFIQUE ET SUPERBE ENTRÉE de monsei-
gneur le duc d'Anguien, en la ville de Bourges, en attendant le
jour heureux de son baptesme. Ensemble les harangues qui luy
ont esté faictes à ce subject. *A Paris, chez Julien Jacquin*, 1626,
pet. in-8 de 14 pp., non relié.

Louis II de Bourbon, duc d'Enghien, né le 8 septembre 1621. avait à
cette époque cinq ans.

43. ÉLOGES ET DISCOURS SUR LA TRIOMPHANTE
RÉCEPTION du Roy en sa ville de Paris, après la réduction
de La Rochelle. *A Paris, chez Pierre Rocolet*, 1629, in-fol., vélin
blanc, comp. de fil., fleurons aux angles, tr. dor. (*Rel. anc.*).

Exemplaire aux armes de la **Ville de Paris**.
Ouvrage orné d'une belle gravure par *Abraham Bosse*, représentant
les prévôt et eschevins aux pieds du Roi, et de 15 planches gravées en
taille-douce par *Melchior Tavernier* et *Pierre Firens*.
Bel exemplaire de ce livre rare.

44. RÉCEPTION ROYALLE faite à l'entrée de la Reyne dans
la ville de la Rochelle, avec la harangue à elle faite par le sieur
de l'Escale, lieutenant criminel et juge de la police de ladite
ville. *A Paris, chez Jean Guillemot*, 1632, pet. in-8 de 12 pp., non
relié.

Très rare et fort curieuse pièce historique. Anne d'Autriche entra, le
10 novembre 1632. dans cette ville qui souffrait encore du long siège
qu'elle avait soutenu en 1627 et 1628.

45. ENTRÉE de très haut et très puissant prince Henry de
Bourbon, prince de Condé, premier prince du sang, premier
pair de France, duc d'Anguien, Chasteau-roux, etc., gouverneur
et lieutenant général pour sa majesté ès provinces de Bourgongne, Bresse et Berry, en la ville de Dijon, le trentiesme du

mois de septembre, mil six cens trente deux. *A Dijon, chez la vefve Claude Guyot*, 1632, in-fol. mar. bleu, fil., dos orné, à la grotesque, dent. int., fleurdelisée tr. dor. (*Niédrée*).

Exemplaire aux armes de Henri-Eugène-Philippe-Louis d'Orléans, duc d'Aumale.

Cet ouvrage est orné de 5 planches, représentant des arcs triomphaux, gravées par *Gautheron de Millot* et *Nicolas Spirinx*. Le titre porte les armes de Henri II, prince de Condé. Cette relation a pour auteur *Malpoy*, avocat à Dijon.

Ouvrage rare non cité par Brunet et Vinet.

Bel exemplaire provenant des doubles de la bibliothèque du duc d'Aumale.

46. RELATION, EN FORME DE JOURNAL, DU VOYAGE ET SÉJOUR que le sérénissime est très puissant prince Charles II, Roy de la Grand'Bretagne, etc., a fait en Hollande, depuis le 25 may, jusques au 2 juin 1660. *A la Haye, chez Adrian Vlacq*, 1660, in-fol., vélin blanc (*Rel. anc.*).

Ouvrage orné d'un portrait de Charles II et de 6 grandes planches gravées en taille-douce par *Philippe* et *Matham*.

Belles épreuves AVANT LA LETTRE.

47. L'ENTRÉE TRIOMPHANTE de leurs Majestez Louis XIV, roy de France et de Navarre, et Marie Thérèse d'Austriche son espouse, dans la ville de Paris, capitale de leurs royaumes, au retour de la signature de la paix généralle et de leur heureux mariage (par Jean TRONÇON). *A Paris, chez Pierre Le Petit*, 1662, in-fol. mar. rouge, comp. de fil., fleur de lis aux angles, dos orné, tr. dor. (*Rel. anc.*).

Ouvrage orné d'un frontispice par *Chauveau*, d'un portrait de Louis XIV AVANT TOUTE LETTRE, d'une dédicace gravée et de 22 planches par *Jean Marot*, *Flamen* et *Le Pautre*.

Parmi ces planches on remarque : *Disposition de la milice de Paris*, eau-forte de *Flamen*, et 5 planches se suivant qui représentent le cortège. La représentation de cette cavalcade offre le plus grand intérêt au point de vue des usages, du costume et de l'histoire. Ces planches ont été attribuées à *N. Cochin*.

Bel exemplaire du PREMIER TIRAGE, provenant de la bibliothèque de LAMOIGNON.

48. L'ENTRÉE DE LA REYNE prézentée à leurs majestés le
25ᵐᵉ aoust, par le sʳ LORET. *A Paris, chez Pierre Chenault*, 1660.
in-4, mar. rouge, fleurs de lis au dos, dent. int., tr. dor. (TRAUTZ-
BAUZONNET).

> On a relié en tête du volume : LE PARFAIT PORTRAIT de Marie-Thérèse
> d'Austriche, infante d'Espagne, avec son portrait en médaillon sur le
> frontispice et à la suite un second exemplaire de l'ENTRÉE DE LA REYNE
> portant la date du 26ᵉ aoust 1660 sur le titre.

49. LA CAVALCADE ROYALE contenant la revenë générale
de messieurs les colonels et bourgeois de Paris faite au parc
de Vincennes en présence du Roy et de la Reyne, pour la disposition de leurs magnifiques entrées dans leur bonne ville de
Paris. *A Paris, chez Jean Baptiste Loyson*, 1660, 6 pp. —
ORDRE GENERAL ET PARTICULIER de la marche qui
doit estre observée dans les trois jours consécutifs pour l'entrée de leurs majestez dans leur bonne ville de Paris, par
messieurs du clergé, par messieurs des cours souveraines,
messieurs les prévost des marchands, eschevins et bourgeois
de ladite ville, prévost de l'isle, chevalier et lieutenant du
guet, etc. Avec la description des superbes appareils de la
cour, et des magnificences de la milice bourgeoise. *A Paris,
chez Jean Baptiste Loyson*, 1660, 12 pp. — DESCRIPTION
DES ARCS DE TRIOMPHE eslevés dans les places publiques
pour l'entrée de la Reyne, avec la véritable explication en
prose et en vers des figures, ovales, termes, portiques, devises,
et portraits, qui sont tant aux faux-bourg que porte S. Antoine,
cymetière S. Jean, pont Nostre-Dame, Marché neuf, place
Dauphine, etc. Ensemble diverses remarques curieuses et particulières pour les amateurs de l'histoire. Et l'ordre que leurs
majestez observeront dans leur marche depuis Vincennes jusques au Louvre. *A Paris, chez Jean Baptiste Loyson*, 1660,
24 pp. — REQUESTE présentée à monsieur le prévost des
marchands par cent mil provinciaux ruinez, attendant l'entrée,
avec le souhait des mesmes provinciaux pour l'entrée du Roy
et de la Reyne. *A Paris, chez Jean Baptiste Loyson*, 1660, 7 pp. —
Ens. 4 pièces in-4, non reliées.

> Pièces curieuses qu'on trouve rarement réunies.

50. **L'ENTRÉE SOLENNELLE** dans la ville de Lyon de monseigneur l'éminentissime cardinal Flavio Chigi, neveu de sa sainteté et son légat a latere en France : avec les noms, qualitez et blasons des prélats, seigneurs et gentils-hommes de sa suite. Pareillement les noms, qualitez, blasons et harangues des personnes les plus considérables qui composent les corps de la ville de Lyon, selon l'ordre qu'ils ont tenu dans la prononciation des harangues qu'ils ont faites à cette Eminence. *A Lyon, chez Alexandre Fumeux*, 1664, in-fol. mar. grenat jans dent. int., tr. dor. *(Pouillet)*.

Ouvrage orné d'un portrait du cardinal Chigi et de nombreuses planches d'armoiries.

Le cardinal Chigi allait à Paris pour adresser au Roi des excuses publiques au nom du pape Alexandre VII, son oncle, pour l'insulte faite dans Rome à l'ambassadeur de France, duc de Créquy.

Petit cachet de bibliothèque sur le titre.

On joint à cet exemplaire : RELATION de tout ce qui se passa entre le pape Alexandre VII et le Roy de France, au sujet de l'insulte que les Papalins firent au duc de Créqui le 20 août de l'an 1662. *A Cologne, chez Pierre le Pain*, 1670, pet. in-12, vélin blanc *(Rel. anc.)*.

51. **RELATION DE CE QUI S'EST FAIT A LYON** au passage de monseigneur le duc de Bourgogne et de monseigneur le duc de Berry, depuis le 9 d'avril jusques au 13 du même mois M.DCCI. *A Lyon, chez Louis Pascal, s. d. (1701)*. — **DESSEIN DU FEU D'ARTIFICE** dressé sur la rivière de Saône, par les ordres de messieurs les prévost des marchands et eschevins de la ville de Lyon, pour l'heureuse arrivée de monseigneur le duc de Bourgogne et de monseigneur le duc de Berry, au mois d'avril M.DCCI, avec l'explication des devises, des emblèmes, des médailles et des autres ornemens qui accompagnent le feu. *A Lyon, chez Louis Pascal, s. d. (1701)*, 2 parties en 1 vol. in-4, demi-rel., mar. rouge, coins, pièces d'armoiries au dos, tête dor., non rogné.

Bel exemplaire en GRAND PAPIER.

Bien que les deux parties aient chacune un titre, la pagination se suit. A la dernière page de la première partie on lit le mot : *fin*. C'est pourquoi la seconde partie manque souvent.

52. L'AUGUSTE PIÉTÉ DE LA ROYALE MAISON DE BOURBON. Sujet de l'appareil fait à Avignon pour la réception de monseigneur le duc de Bourgogne et de monseigneur le duc de Berry, par le P. J. J. BONTOUS. *A Avignon, chez François Sébastien Offray,* 1701, pet. in-fol., vélin blanc, fil., dos orné.

Ce rare ouvrage est orné d'un portrait du pape Clément XI, de 7 entêtes (2 différents) et de 6 planches représentant une statue équestre de Louis XIV, des arcs de triomphe, etc., gravées par *L. David* d'après *Cotelle.* Parmi ces planches se trouve une estampe très remarquable gravée à l'eau-forte par *P. D. Bassinet d'Angard,* artiste amateur d'Avignon. Cette estampe représente un chevalier et un officier de l'arc. de la compagnie de Monsieur le Marquis d'Orsan.

53. DISCOURS SUR LES ARCS TRIOMPHAUX dressés en la ville d'Aix, à l'heureuse arrivée de monseigneur le duc de Bourgogne et de monseigneur le duc de Berry (par M. de GALLAUP DE CHASTUEIL). *A Aix, chez Jean Adibert,* 1701, in-fol.. veau (*Rel. anc.*).

Ouvrage orné de 4 planches gravées à l'eau-forte par *J. Cl. Cundier.* Reliure fatiguée, cassure à 2 planches. Exemplaire provenant de la bibliothèque de RUGGIERI.

54. JOURNAL HISTORIQUE DU VOYAGE de S. A. S. mademoiselle de Clermont depuis Paris jusqu'à Strasbourg; du mariage du Roy et du voyage de la Reine depuis Strasbourg jusqu'à Fontainebleau ; de l'entrevue des deux Rois et des deux Reines au village de Bouron ; avec un recueil de plusieurs harangues, discours et ouvrages de poésies, qui se sont faits à cette occasion ; avec l'état présent de la maison de la Reine ; par le chevalier DAUDET. *A Chaalons, chez Claude Bouchard,* 1725, in-12, veau, dos orné (*Rel. anc.*).

Relation intéressante de ces divers épisodes et entremêlée de nombreuses pièces de vers.
Petites piqûres de ver.

55. JOURNAL DE CE QUI S'EST FAIT POUR LA RÉCEPTION du Roy dans sa ville de Metz, le 4 août 1744. Avec un

recueil de plusieurs pièces sur le même sujet, et sur les accidens survenus pendant son séjour. *A Metz, de l'Imp. de la veuve
de Pierre Collignon*, 1744, in-fol., veau marbr. (*Rel. anc.*).

> Exemplaire aux armes de **Louis XV** ; ces armes sont frappées sur le
> dos de la reliure.
> Rare ouvrage orné de 8 planches se repliant, gravées à l'eau-forte
> par *F. L. Mangin*. A la suite (pp. 57-83) on trouve : RECUEIL de plusieurs
> pièces de poésie faite (*sic*) à l'occasion de la maladie et du rétablisse
> ment de la santé du Roi.

56. RELATION DE L'ARRIVÉE du Roi au Havre de Grâce,
le 19 septembre 1749, et des fêtes qui se sont données à cette
occasion. *A Paris, de l'Imp. d'Hippolyte-Louis-Guérin et de Louis-
François Delatour*, 1753, gr. in-fol., mar. rouge, dent., fleurs
de lis aux angles, chiffre de Louis XV au dos, dent. int., tr.
dor. (*Rel. anc.*).

> Bel exemplaire aux armes de **Louis XV**.
> Ouvrage orné de deux grandes vignettes en tête, d'un fleuron répété
> et de 6 planches doubles gravées par *Le Bas* d'après *Descamps*.

57. RELATION DU VOYAGE de mesdames Adélaïde et Victoire à Plombières, depuis leur départ de Marly, le 30 juin 1761,
jusqu'à leur retour à Versailles, le 28 septembre de la même
année (par DELESPINE). *A Paris, de l'Imp. de G. Desprez*, 1762,
in-8, mar. brun, fil. à froid, dent. int., tr. dor. (*Rel. anc.*).

> Ouvrage orné de 24 planches, collées sur papier, représentant des
> vues relatives à ce voyage.
> Relation écrite au jour le jour, des différentes péripéties du voyage,
> fêtes, promenades, visites, qui eurent lieu à la cour du roi Stanislas à
> Nancy.
> Quelques mots à l'encre au verso du faux-titre.

C. — FÊTES, DIVERTISSEMENTS, BALLETS
FEUX D'ARTIFICE

58. **LA MAGNIFICENCE DES TRIUMPHES** faictz à Rome pour la nativité de monseigneur le duc d'Orléans, second filz du Roy treschrestien Henry deuxiesme de ce nom. Traduite d'italien en francoys. *A Paris, chez Jehan André*, 1549, in-4 de 7 ff. chiff. et un feuillet non chiff., veau fauve, fil., chiffre sur les plats, dent. int., tr. dor. (*Simier*).

Le prince dont il est question est Louis de France, duc d'Orléans, né le 3 février 1548, décédé deux ans après.

Ces fêtes eurent lieu sur la place du palais de S. Apostolo, où était logé le cardinal du Bellay. La relation est écrite sous la forme d'une lettre signée des initiales A. B. et adressée au cardinal de Ferrare.

Rabelais, qui faisait partie de la suite du cardinal du Bellay, a publié une relation de ces fêtes dans sa *Sciomachie*.

Bel exemplaire provenant de la bibliothèque de DESTAILLEURS.

59. **RECUEIL DES CHOSES NOTABLES QUI ONT ÉTÉ FAITES A BAYONNE** à l'entrevue du Roy treschrestien Charles neufième de ce nom et la Royne sa treshonorée mère, avec la Royne catholique sa sœur. *A Paris, par Vascozan*, 1566, in-4, mar. rouge jans., dent. int., tr. dor. (*Cuzin*).

Relation des fêtes qui eurent lieu à Bayonne, lors de l'entrevue de Charles IX et de Catherine de Médicis avec Elisabeth, reine d'Espagne, et le duc d'Albe, ministre de Philippe II. Ces fêtes durèrent trois semaines.

L'ouvrage est orné de 18 planches attribuées à *Jean Cousin*, représentant les médaillons qui étaient distribués aux dames à la suite d'un tournoi.

Bel exemplaire grand de marges.

60. **BALET COMIQUE DE LA ROYNE**, faict aux nopces de

monsieur le duc de Joyeuse et mademoiselle de Vaudemont sa
sœur, par Baltasar de BEAUJOYEULX. *A Paris, par Adrian le Roy,*
1582, in-4, mar. bleu, comp. de fil. droits et courbes, fleur de
de lis couronnée aux angles et au dos, dent. int., doubl. de mar.
rouge, fil., gardes de moire rouge, tr. dor. (*Lortic*).

> Premier opéra représenté en France. Ouvrage rare orné de 27 plan-
> ches gravées sur cuivre d'après *Jacques Patin*. La musique est par *Salo-*
> *mon* et *Beaulieu*; elle fut écrite sur les vers de *La Chesnaye*.
> Bel exemplaire dans une très jolie reliure de *Lortic*.

61. LE ROMANT DES CHEVALIERS DE THRACE. *A Paris,*
chez Jean Gesselin, 1605, pet. in-8, de 100 pp. chiff. mar. rouge,
fil. à froid, dent. int., tr. dor. (*Capé*).

> Relation en prose, mêlée de pièces de vers, d'un tournoi qui eut lieu
> sous Henri IV, dans la salle de Bourbon.

62. LE ROMANT DES CHEVALIERS DE LA GLOIRE, contenant plusieurs hautes et fameuses advêtures des princes et
des chevaliers qui parurent aux courses faites à la Place Royale
pour la feste des alliances de France et d'Espagne. Avec la
description de leurs entrées, équipages, habits, machines,
devises, armes et blasons de leurs maisons, par François de
ROSSET. *A Paris, chez François Huby*, 1613, 3 parties en 1 vol.
in-4, veau fauve, tr. rouges (*Rel. anc.*).

> Relation du carrousel donné sur la Place Royale en 1612.
> Exemplaire provenant de la bibliothèque de RUGGIERI.

63. DISCOURS SUR LES TRIOMPHES DE LA FESTE de
S. Louys en l'honneur du Roy. Ensemble les particularitez des
feux artificiels décrites selon la disposition des sieurs Bagot,
Jumeau et Morel, auteurs des dits artifices. *A Paris, chez*
Pierre Ramier, 1613, in-12 de 15 pp., non relié.

64. COMBAT A LA BARRIÈRE, faict en la cour de Lorraine,
le 14 febvrier, en l'année présente 1627. Représenté par les
discours et poésies du sieur Henry HUMBERT. Enrichi des figures
du sieur Jacque CALLOT. *A Nancy, par Sébastien Philippe*, 1627,

petit in-4, mar. rouge, comp. de fil., fleurons aux angles, dos
orné, dent. int., tr. dor. (*Belz-Niédrée*).

Ouvrage illustré d'un frontispice, de 9 planches doubles et d'une
vignette (*le bras armé*). Ces figures passent, à juste titre, pour des
chefs-d'œuvre du maître lorrain *Jacques Callot*.

Ce combat à la barrière fut donné à Nancy par Charles IV, duc de
Lorraine, en l'honneur de la duchesse de Chevreuse qui s'était réfugiée
à la cour de ce prince et à laquelle cet ouvrage est dédié.

Bel exemplaire dans une très jolie reliure.

65. BALLET DU ROY, des festes de Bacchus, dansé au Palais
Royal, le 2 et le 4 jour de may 1651. *A Paris, par Robert Bal-*
lard, 1651, in-4 de 36 pp., mar. grenat, souple, fil. à froid,
tr. dor.

Bel exemplaire, grand de marges.

66. COURSES DE TESTES ET DE BAGUES faittes par le Roy
et par les princes et seigneurs de sa cour, en l'année 1662 (par
Ch. Perrault). *A Paris, de l'Imp. royale*, 1670, in-fol., mar.
rouge, comp. de fil., chiffre de Louis XIV aux angles et au
dos, dent. int., tr. dor. (*Rel. anc.*).

Exemplaire aux armes de **Louis XIV**. Reliure du *Cabinet du Roi*.

Ouvrage orné d'un frontispice et de 46 planches contenant 96 figures
par *Israël Silvestre* et *Chauveau*. C'est la représentation d'une des fêtes
les plus magnifiques qui furent données pendant la jeunesse de
Louis XIV. Elle eut lieu dans l'emplacement qui a pris depuis cette
époque le nom de place du Carrousel.

Cet exemplaire contient, à la fin, les vers héroïques en latin par
Esprit Fléchier, qui manquent quelquefois.

Légères mouillures; un petit morceau est enlevé dans la marge d'un
feuillet.

67. RELATION DE LA FESTE DE VERSAILLES du 18 juillet
mil six cens soixante huit (par Félibien). *A Paris, de l'Imp.*
royale, 1679, planches et texte. — LES PLAISIRS DE L'ISLE
ENCHANTÉE ou les festes et divertissements du Roy, à Versailles, divisez en trois journées, et commencez le 7me jour de
may, de l'année 1664. S. l. n. d., planches, sans texte. — LES

DIVERTISSEMENS DE VERSAILLES donnez par le Roy à toute sa cour au retour de la conqueste de la Franche-Comté, en l'année M.DC.LXXIV (par FÉLIBIEN). *A Paris, de l'Imp. royale*, 1676, planches et texte. — Ens. 1 vol. in-fol., mar. rouge, fil., chiffre de Louis XIV au dos, dent. int., tr. dor. (*Rel. anc.*).

> Exemplaire aux armes de **Louis XIV**.
> Cet exemplaire renferme les trois plus grandes fêtes qui aient été données par le Roi à Versailles, et qui sont représentées par 20 planches gravées par *le Pautre, Israël Silvestre* et *Chauveau*. Ces planches sont ici en épreuves de choix et AVANT LE PRIVILÈGE DU ROI.

68. FESTES, tapisseries et conquestes. S. *l. n. d.* in-fol., mar. rouge, comp. de fil., chiffre de Louis XIV aux angles et au dos, dent. int., tr. dor. (*Rel. anc.*).

> Exemplaire aux armes de **Louis XIV**. Reliure du *Cabinet du Roi*.
> Recueil contenant les 20 planches, gravées par *le Pautre, Israël Silvestre* et *Chauveau*, qui représentent les trois fêtes données à Versailles en 1664, 1668, 1674 ; et 39 planches diverses « *Tapisseries et Conquêtes* », de la collection du *Cabinet du Roi*.

69. TE DEUM ET FEU D'ARTIFICE, 14 novembre 1697. — LETTRE DU ROY, écrite à monseigneur l'archevêque de Paris, duc de Saint Cloud, pair de France, pour faire chanter le Te Deum en l'église Notre-Dame, en action de grâces de la paix. *A Paris, chez Louis Josse*, 1697, 4 pp. — DESSEIN DU FEU D'ARTIFICE élevé devant l'hôtel de ville, le jour du Te Deum chanté en l'église Notre-Dame, le 14 novembre 1697, en action de grâces de la paix. (à la fin) : *A Paris, de l'Imp. de la veuve L. Rondet*, s. d. (1697), 7 pp. — Ens. 2 pièces in-4, non reliées.

> Planche représentant le dessin du feu d'artifice.

70. TE DEUM ET FEUX D'ARTIFICE, 8 et 26 janvier 1698. — LETTRE DU ROY, écrite à monseigneur l'archevêque de Paris pour faire chanter le Te Deum en l'église Notre-Dame, en action de grâces de la paix concluc avec l'empereur et l'empire. *A Paris, chez Louis Josse*, 1698, 4 pp. — EXPLICA-TION DU FEU D'ARTIFICE, dressé devant l'hôtel de ville,

par les ordres des messieurs les prévôt des marchands et
eschevins de la ville de Paris pour les réjouissances publiques
de la paix entre la France et l'Empire, le 8 janvier, 1698.
(à la fin) : *De l'Imp de Jacques Grou, s. d.* (1698), 4 pp. — DES-
SEIN DU FEU D'ARTIFICE, fait par ordre de son altesse
éminentissime monseigneur le cardinal de Furstemberg, en son
abbaye de S. Germain des Prez pour la paix entre l'empereur,
la France et l'empire le vingt-six janvier 1698, 3 pp. —
A MONSIEUR DE CALLIÈRES sur la négociation de la paix.
Ode par Perrault. (à la fin) : *A Paris, de l'Imp. de Jean Baptiste
Coignard*, 1698, in-4 de 4 pp. — Ens. 4 pièces in-4, non reliées.

Deux planches représentant les dessins des feux d'artifice et portrait
du cardinal de Furstemberg par *de Larmessin.*

71. DESCRIPTION DES FESTES données par la ville de Paris
à l'occasion du mariage de madame Louise Élisabeth de
France et de Dom Philippe, infant et grand amiral d'Espagne,
les vingt-neuvième et trentième août mil sept cent trente neuf.
A Paris, de l'Imp. de P. G. Le Mercier, 1740, gr. in-fol., mar.
rouge, dent. fleurdelisée, fleurs de lis aux angles et au dos,
dent. int. tr. dor. (*Rel. anc.*).

Exemplaire aux armes de la **Ville de Paris**.
Ouvrage orné d'une vignette en tête par *J. Rigaud*, représentant la
joute sur la Seine et de 13 planches par *Blondel*, représentant les bals
à l'Hôtel de Ville, les feux d'artifice sur la Seine, etc.

72. REPRÉSENTATION DES FÊTES données par la ville de
Strasbourg pour la convalescence du Roi, à l'arrivée et pendant le séjour de sa majesté en cette ville. Inventé, dessiné et
dirigé par J. M. Weiss, graveur de la ville de Strasbourg.
A Paris, imp. par Laurent Aubert, s. d. (1745), gr. in-fol., mar.
rouge, large dent., armoiries aux angles, chiffre de Louis XV
sur les plats et au dos, doubl. et gardes de tabis violet, dent.
int. tr. dor. (*Rel. anc.*).

Exemplaire aux armes de **Louis XV**.
Ouvrage orné d'un titre gravé par *Marvie*, d'un portrait de Louis XV,
gravé par *Wille* d'après *Parrocel*, et de 11 planches gravées par *Weiss*

et *Le Bas* d'après *Weiss*, d'une grande vignette en-tête et d'un cul-de-
lampe dessinés par *Weiss*, gravés par *Marvie*. Le texte est gravé avec
des encadrements différents.

Riche reliure de *Padeloup*, dont l'étiquette est collée au bas du titre.
Mouillures.

73. LE RETOUR DU ROY, divertissement. Les paroles sont
de M. Roy, la musique de MM. Rebel et Francoeur. *A Paris*,
de l'Imp. de P. G. Le Mercier, 1745, in-4, mar. rouge, fil. et dent.,
fleur de lis aux angles, dos fleurdelisé, dent. int., tr. dor.
(*Rel. anc.*).

Exemplaire aux armes de la **Ville de Paris** et de Louis-Basile de Ber-
nage, *prévot des marchands de la ville de Paris*.
Jolie vignette en tête et un cul-de-lampe non signés.
Notes manuscrites sur le titre et le dernier feuillet.

74. FÊTES PUBLIQUES données par la ville de Paris, à l'occasion du mariage de monseigneur le Dauphin les 23 et 26 février
M. DCC.XLV. *S. l. n. d. (Paris, 1745)*, gr. in-fol., mar. rouge,
large dent., dos orné, dent. int., tr. dor. (*Rel. anc.*).

Exemplaire aux armes de la **Ville de Paris**.
Ouvrage orné d'un frontispice gravé par *Le Bas* d'après *Hutin*, d'un
titre orné et de 19 planches gravées par *Cochin père et fils* et *Ouberier*.
Le texte est gravé avec un encadrement historié. Cachet sur le titre.
Riche reliure de *Padeloup*.

75. FÊTE PUBLIQUE donnée par la ville de Paris à l'occasion du mariage de monseigneur le Dauphin le 13 février
M.DCC.XLVII. *S. l. n. d. (Paris, 1747)*, gr. in-fol., veau marb.,
dent. fleurdelisé, fleurs de lis aux angles, chiffre de Louis XV
au dos, dent. int., tr. dor. (*Rel. anc.*).

Exemplaire aux armes de la **Ville de Paris**.
Ouvrage orné d'un frontispice gravé par *J.-J. Flipart* d'après
M. A. Slodtz, d'un titre orné et de 7 planches doubles gravées par
Marvye, Le Mire, Tardieu, Benoist, etc. Le texte est gravé avec des
encadrements variés.

76. ZÉLIE. DIVERTISSEMENT NOUVEAU, représenté devant
le Roy sur le théâtre des petits appartemens à Versailles le 13 fé-

vrier 1749. Manuscrit in-4, mar. rouge, large dent. autour des plats, dos orné, dent. int., doubl. et gardes de tabis vert, tr. dor. (Rel. anc.).

Aux armes de Louis César, de La **Baume-Leblanc, duc de La Vallière**.

Superbe reliure du **XVIIIᵉ siècle** dont les plats sont décorés de larges dentelles formées de fleurons, fleurettes et ornements divers.

Les paroles de ce manuscrit sont de *M. de Curi*, intendant des menus-plaisirs du Roi. La musique est de *M. Ferrand*, fermier général. Ce manuscrit est orné d'un beau frontispice gravé par *Pierre*.

Le duc de La Vallière, pour qui ce manuscrit a été si somptueusement relié, était le directeur du théâtre des petits appartements, organisé à Versailles par Madame de Pompadour.

77. **LA TOILETTE DE VÉNUS. — LÉANDRE ET HÉRO.** Représenté devant le Roy, sur le théâtre des petits appartemens, à Versailles, le 25 février 1750. Paroles de M. LAUJON. Musique de M. de LA GARDE. Manuscrit petit in-fol. de 68 ff., mar. rouge, large dent., à petits fers, pièces d'armoiries aux angles et au dos, dent. int., tr. dor. (Rel. anc.).

Aux armes de Louis-César de La **Baume-Leblanc, duc de La Vallière**.

Très belle reliure du **XVIIIᵉ** siècle, avec large dentelle sur les plats, exécutée par *Derome le jeune*. On remarque, parmi les ornements, le fer dit *à l'oiseau*.

78. RECUEIL DES FESTES, FEUX D'ARTIFICE ET POMPES FUNÈBRES, ordonnées pour le Roi, par messieurs les premiers gentilhommes de sa chambre. *A Paris, de l'Imp. de Ballard*, 1756, gr. in-fol., mar. rouge, large dent. dite du Louvre, fleurs de lis aux angles, chiffre de Louis XVI au dos, dent. int., tr. dor. (Rel. anc.).

Exemplaire aux armes de **Louis XVI**.

Recueil comprenant un titre et 13 planches gravées par *Cochin père et fils* d'après *Bonneval, Hedts, Cochin* et *Perot*, parmi lesquelles on remarque : *illuminations et feux d'artifice de Meudon*, 1735, *de Versailles*, 1739. — *Cérémonie du mariage du Dauphin, décoration de la salle de spectacle, du bal paré, du bal masqué*, 1745. — *Pompes funèbres de la Reine de Sardaigne*, 1735, *de la dauphine Marie-Thérèse d'Espagne*, 1746, etc.

Reliure en très bel état, exécutée par *Fente*, avec son étiquette gravée à l'intérieur du volume.

79. FESTE donnée à Monsieur le maréchal duc de Richelieu,
à son retour de l'expédition de Minorque, par madame la marquise de Monconseil, à Bagatelle, septembre 1756. *A Paris, chez
la veuve Delormel et fils,* 1756. in-8, mar. rouge, fil., croix du
S. Esprit aux angles, dos orné, dent. int., tr. dor. (*Rel. anc.*).

Exemplaire aux armes de Louis-François-Armand **Wignerot du Plessis,
duc de Richelieu**, *maréchal de France.*

Le volume renferme « *Le Mariage par escalade* », opéra-comique, avec
4 pages de musique gravée.

80. LE SIÉGE DE CALAIS. Tragédie dédiée au Roy, par
M. de Belloy ; représentée pour la première fois par les comé-
diens français ordinaires du Roi, le 13 février 1765, suivie de
notes historiques. *A Paris, chez Duchesne,* 1765, in-8, mar. rouge.
fil., fleurons aux angles, dos orné, dent. int., tr. dor. (*Rel. anc.*).

Exemplaire aux armes de Louis-Antoine de **Gontaut, duc de Biron,**
maréchal de France.

81. PROJETS OU PLUTOT IDÉES DE FÊTES à exécuter
pour le prochain mariage de monseigneur le Dauphin, ou, si
elles sont déjà déterminées, pour ceux de monseigneur le comte
de Provence, de monseigneur le comte d'Artois, dans le tems,
ainsi que pour les naissances à venir de monseigneur le duc de
Bourgogne et autres princes à espérer de leurs augustes
alliances, par M*** (Michel Chappotin de Saint Laurent). *A
Vienne, en Autriche, et se trouve à Paris, chez Lottin l'aîné,* 1770,
in-12, mar. rouge, fil., fleurons aux angles, dos orné, dent.
int., tr. dor. (*Rel. anc.*).

Exemplaire aux armes de **Marie-Antoinette, dauphine.**
Reliure très fraîche.

82. FÊTES données à Turin les 17 et 21 avril 1771 par S. E. M. le
baron de Choiseul, ambassadeur de France. In-fol. monté sur
onglets, cartonné.

Réunion de deux beaux portraits en médaillons, de Monsieur et de
Madame, gravés par *Cathelin* et *Schythe,* d'après *Drouet* et de quatre
planches, gravées par *Peiroleri* et *Boussins* d'après V. *de Robilant,* repré-

sentant la façade et le salon de l'hôtel Choiseul, les illuminations et feux d'artifice.

Ces fêtes furent données à l'occasion du mariage de monseigneur le comte de Provence avec Marie Joséphine-Louise de Savoie.

83. FÊTES données à Paris, le 23 août 1775, par S. E. M. le comte de Viry, ambassadeur extraordinaire de sa majesté sarde. S. l. n. d. (1775), in-8, mar. rouge, large dent., dos orné, dent. int., tr. dor. (*Rel. anc.*).

Très belle reliure du xviii° siècle, exécutée par *Derome le jeune*, ornée de dentelles à petits fers, parmi lesquels on remarque le fer dit *à l'oiseau*.

Ces fêtes furent données à l'occasion du mariage de Madame Clotilde de France, sœur aînée du Roi, avec le prince de Piémont, fils aîné du roi de Sardaigne.

Réunion des articles de l'*Année littéraire*, de la *Gazette de France*, etc., précédée d'un titre imprimé spécialement.

Ce recueil probablement unique a dû être formé et relié pour S. E. M. le comte de Viry.

84. JOURNAL DES FÊTES données à Marseille à l'occasion de l'arrivée de Monsieur, frère du Roi. *A Marseille, chez Antoine Favet*, 1777, in-4, mar. rouge, fil. et dent., dos orné, dent. int., tr. dor. (*Rel. anc.*).

Exemplaire aux armes de la **Ville de Marseille**.

85. **BOUQUET POUR MADAME LA MARQUISE DE BEUVRON** le 8 septembre 1777. Manuscrit in-8 de 23 ff., mar. rouge, large dent., à petits fers, dos orné, dent. int., tr. dor. (*Rel. anc.*).

Aux armes des familles **d'Harcourt** et **Rouillé**.

Ravissante reliure du **XVIII**° siècle, avec large dentelle à petits fers, ornée dans les angles, d'un fer allégorique avec carquois, colombes, etc. Cette reliure de la plus grande fraîcheur peut être attribuée à *Derome le jeune*.

Ce manuscrit contient la copie d'un compliment et de pièces de vers adressés à la marquise de Beuvron.

86. **FÊTE DONNÉE A MONSIEUR ET MADAME DE BEUVRON**, le

1ᵉʳ août 1778. Manuscrit in-4, de 67 pp., mar. rouge, large dent., à petits fers, dos orné, dent. int., tr. dor. (*Rel. anc.*).

Aux armes de Marie-Catherine **Rouillé**, *femme de* Anne-François **d'Harcourt, marquis de Beuvron**.

Ravissante reliure du XVIII siècle de la plus grande fraîcheur, avec large dentelle à petits fers, exécutée par *Derome le jeune*; on y remarque le fer dit *à l'oiseau*.

Ce manuscrit contient la copie de deux pièces qui ont dû être écrites spécialement pour cette fête.

87. LE SEIGNEUR BIENFAISANT, opéra, composé des actes du pressoir ou des fêtes de l'automne, de l'incendie, et du bal, représenté pour la première fois, par l'académie royale de musique, le jeudi 14 décembre 1780. *Aux dépens de l'académie.* 1780, in-4, mar. rouge, fil. et dent. fleurdelisée, fleur de lis au dos, tr. dor. (*Rel. anc.*).

Exemplaire aux armes de **Madame Adélaïde**, *fille de Louis XV*.
Paroles de M. Rochon de Chabannes.

88. LA VEUVE, comédie en prose et en un acte par M. Gaudin. Manuscrit in-4 de 27 ff., mar. rouge, fil., fleur de lis aux angles et au dos, dent. int., tr. dor. (*Rel. anc.*).

Aux armes de Louis-Philippe, **duc d'Orléans**, auquel est dédié ce manuscrit.

89. LA FÊTE DU VILLAGE, ou le chancelier de Cheverny, comédie en deux actes, en prose, représentée pour la première fois à Paris, sur le théâtre des Variétés, au Palais-Royal, le premier mai 1786. *A Paris, chez Cailleau*, 1786. — LE REVENANT ou les deux grenadiers, comédie en deux actes, en prose. *Ibid., id.*, 1786. — Ens. 2 pièces en 1 vol. in-8, mar. rouge, fil., fleurons aux angles, dos orné, dent. int., tr. dor. (*Rel. anc.*).

Exemplaire aux armes de Louise-Marie-Adélaïde de **Bourbon-Penthièvre, duchesse d'Orléans**. À l'époque le relieur a commis une erreur : *le bâton péri est en bande ; il devrait être en barre.*

Cachet de la bibliothèque du Palais Royal sur le titre du premier ouvrage.

D. — CÉRÉMONIES, POMPES FUNÈBRES SACRES

90. LE SACRE ET COURONNEMENT du Roy Henri deuxiesme de ce nom. (*Paris*). *de l'Imp. de Robert Estienne, s. d.* (1547), petit in-8 de 20 ff. non chiff. mar. rouge, jans., dent. int., tr. dor. (*Cuzin*).

> Pièce très rare, ornée d'une planche gravée sur bois représentant la cérémonie dans la cathédrale de Reims.
>
> Exemplaire provenant de la bibliothèque du comte A. WERLÉ.

91. LE TRÈS-EXCELLENT ENTERREMENT du très haut et très illustre prince Claude de Lorraine, duc de Guyse et d'Aumalle, pair de France, etc., auquel sont déclarées toutes les cérémonies de la châbre d'hôneur du transport du corps. De l'assiette de l'église, de l'ordre de l'offrande et grand dueil, avec les blasons de toutes les pièces d'honneur, et banières armoyées de ses lignes et alliances, faict par Edmond du BOULLAY, roy d'armes de Lorraine. *A Paris, en la boutique de Gilles Corrozet*, 1550. — L'ORAISON FUNÈBRE déclarative des gestes, mœurs, vie et trespas du très illustre prince Claude de Lorraine, duc de Guise et d'Aumalle, pair de France, gouverneur et lieutenàt général pour le Roy en ses pays de Bourgogne ; prononcée à l'enterrement dudict seigneur par maistre Claude GUILLIAUD. *A Paris, par Jehan Dallier*, 1550. — Ens. 2 pièces en 1 vol. in-12, vélin blanc à recouv. (*Rel. anc.*).

> Volume rare, orné de figures de blasons gravées sur bois.

92. C'EST L'ORDRE ET FORME QUI A ESTÉ TENU AU SACRE ET COURONNEMENT de très-haute, très-excellente et très-puissante princesse Madame Elizabet d'Austriche, Royne de France ; faict en l'église de l'abbaie Sainct Denis en

France le vingt cinquiesme jour de mars 1571. A *Paris, de l'Imp. de Denis du Pré pour Olivier Codoré*, 1571. — L'ORDRE TENU A L'ENTRÉE de très-haute et très-chrestienne princesse Madame Elizabet d'Austriche, Royne de France. — AU ROY, congratulation de la paix faite par sa Majesté entre ses subjectz, l'unziesme jour d'aoust, 1570. — Ens. 3 pièces en 1 vol. in-4, demi-rel. mar. orange, coins, tr. rouges (*Pouillet*).

Le volume renferme 6 planches gravées sur bois, attribuées à *Olivier Codoré*.

La Relation de l'entrée de la Reine est par *Simon Bouquet*. La Congratulation au Roy est par *E. Pasquier*.

93. C'EST L'ORDRE ET FORME QUI A ESTÉ TENU AU SACRE ET COURONNEMENT de très-haute et très-excellente très-puissante princesse Madame Elizabet d'Austriche, Royne de France : fait en l'église de l'abbaye Sainct Denis en France, avec son entrée faite à Paris le 25 jour de mars, 1571. *A Paris, chez Gilles Robinet*, 1610, petit in-8 de 86 pp., mar. La Vall., doubl. aux armes et au chiffre du comte René de Béarn, tr. dor. (*Chambolle-Duru*).

Réimpression de l'édition de 1571.

94. AU ROY SUR LE SACRE de Sa Majesté. Avec l'épitre synodale des prélats de l'église de France assemblez en la ville d'Orléans. *A Lyon, par Guichard Jullieron*, 1594, in-12 de 32 pp., mar. La Vall., doubl. aux armes et au chiffre du comte René de Béarn, tr. dor. (*Chambolle-Duru*).

95. LES POMPES ET CÉRÉMONIES faites à l'acte solemnel, auquel le Roy jura publiquement la paix en la présence des députez d'Espagne. Descrites en une lettre addressée à un gentil homme d'Auvergne, par un sien ami estant à Paris. *A Lyon, par Guichard Jullieron*, 1598, in-12 de 14 pp., non relié.

96. LE VÉRITABLE DISCOURS DES CÉRÉMONIES DU BATESME de monseigneur le Daulphin, et de mes Dames ses sœurs. Ensemble l'ordre des princes, princesses et grands

seigneurs, avec leurs noms et qualitez. Plus les noms des par-
rains et marraines, et leurs qualitez, et en quel ordre et rangs
ils marchoient ; avec le service du festin, faict après le baptesme, et les noms des princes et grands seigneurs qui ser-
voient. Plus le discours du bal qui se fit après souper, avec le
nom des princes et princesses qui en estoient. *A Paris, par
Fleury Bourriquant, s. d.* (1606), 18 pp. — TRIOMPHE ET
CÉRÉMONIES DU BAPTESME. . . . *A Lyon, par Claude
Morrillon*, 1606, 15 pp. — LE TRIPLE FLAMBEAU DE
GRACE desparti, sur le baptesme de monseigneur le Dauphin, et de mes Dames ses sœurs, raporté en petit discours
par M. Pierre de BERNARD. *A Paris, chez Gilles Robinot*, 1606,
3 ff. non chiff. et 5 ff. chiff. — L'ÉCHO ET TROMPETTE
DES BIEN-FAICTS dont Dieu a bienheuré la France. Et
particulièrement en ceste renaissance et baptesme de monseigneur le Dauphin, et de mes Dames ses sœurs. *A Paris, par
Fleury Bourriquant*, 1606, 22 pp. — Ens. 4 pièces, pet. in-8, non
reliées.

97. CÉRÉMONIES des obsèques de Charles III, duc de Lorraine
et de Bar, par Cl. de LA RUELLE. (*Nancy, Blaise et André et
Herman de Loy, vers* 1611), gr. in-fol. oblong, mar. La Vall.,
comp. de fil., fleurons aux angles. doubl. aux armes et au chiffre
du comte René de Béarn, tr. dor. (*Chambolle-Duru*).

> Suite précieuse et rare qui tient le premier rang dans les livres offi-
ciels. Elle se compose de 64 estampes consacrées aux *Obsèques, cérémonies funèbres, cortèges*, etc., gravées par *Frédéric Brentel*, d'après les dessins de *Claude de La Ruelle*, et de *Jean de la Hière*.
>
> Une explication en latin et en français accompagne les diverses plan-
ches des obsèques.
>
> L'exemplaire est sans marge ; toutes les planches ainsi que le texte
ont été très soigneusement montés sur papier Whatman par *Chambolle-
Duru*.

98. LE CONVOI DU CŒUR de très-auguste, très-clément et
très-victorieux Henry le Grand IIII du nom très-chrestien
Roy de France et de Navarre, depuis la ville de Paris jusques

au collège royal de la Flèche. *A Paris, chez François Rezé,* 1610.
in-12 de 32 pp., cartonn. bradel toile grise *(Pierson).*

99. RECUEIL de diverses poésies sur le trespas de Henry le
Grand, très-chrestien Roy de France et de Navarre, et sur le
sacre et couronnement de Louis XIII, son successeur, par
G. Du Peyrat. *A Paris, chez Robert Estienne,* 1611, in-4. vélin
blanc, fil., milieu et dos ornés, tr. dor. *(Rel. anc.).*

> Ouvrage orné d'un portrait de Marie de Médicis, gravé par *L. Gaultier*
> d'après *Le Clerc.*
> Bel exemplaire ; petit cachet de bibliothèque sur le titre.

100. LES CÉRÉMONIES DU SACRE ET COURONNEMENT
du très-chrestien Roy de France et de Navarre, Loys XIII,
plus son entrée dans la ville de Rheims, et son retour à Paris.
A Lyon, par Jean Poyet, 1610, 27 pp. — LES CÉRÉMONIES
observées au sacre et couronnement du Roy Loys XIII, par
C. de Remond, abbé de la Frœnade. *A Paris, chez Charles
Sevestre,* 1610, 32 pp. notes manuscrites. — Ens. 2 pièces,
pet. in-8, non reliées.

101. HISTOIRE ENTIÈRE ET VÉRITABLE de tout ce qui
s'est passé en Espagne pour l'accomplissement du mariage du
Roi et de l'Infante, depuis le départ de Monseigneur le duc de
Mayenne, ambassadeur de leurs majestez très-chrestiennes,
jusques à son retour en France : ensemble de l'ambassade de
Monsieur de Pizieux ; avec les paroles, responses, et autres
choses mémorables, tant dudit seigneur duc, que du Roy, et de
l'Infante d'Espagne. *A Paris, chez la veufve Pierre Bertault,* 1612,
54 pp. et un feuillet non chiff. — ARTICLES ET CONVEN-
TIONS arrestées en Espagne le mercredy 20 d'aoust 1612, par
monsieur le duc de Mayenne, assisté de monsieur de Puisieux,
et monsieur de Vaucelas, avec le sieur duc de Lerme sur le
mariage du Roy Louys XIII avec l'Infante, Dame Anne,
princesse d'Espagne. S. l. 1614, 23 pp. — ARTICLES ET
CONVENTIONS arrestées en France, le mercredy 20 aoust
1612, par l'illustris. me seigneur duc de Pastrana, et le sei-

gneur dom Innego de Cardenas, ambassadeur ordinaire du
Roy catholique sur le mariage de Dom Philippe, prince
d'Espagne, et madame Elizabeth de France. *S. l*, 1614, 16 pp.
— DISCOURS SUR LES MARIAGES de France et d'Espagne, contenant les raisons qui ont meu môseigneur le Prince
à en demander la surséance. *S. l.*, 1614, 23 pp. — Ens. 4 pièces
pet. in-8 dont 2 cartonn. bradel, et 2 non reliées.

102. LE BON-HEUR DE LA FRANCE ou les allégresses publicq-
ques des bons françois par les augustes mariages des majestez
très-chrestienne et catholique et de mes Dames leurs sœurs.
Ensemble tout ce qui s'est passé depuis l'arrivée de sadite
Majesté audit Bourdeaux jusques au départ de madite Dame
sa sœur. *Jouxte la copie imp. à Bourdeaux, par Simon Milange*,
1615, 29 pp. — ANAGRAMMES de Louis de Bourbon, très-
chrestien Roy de France et de Navarre et d'Anne d'Autriche,
infante d'Espagne. Avec les sonnets et autres vers à l'honneur
de leurs majestez. *A Paris, par Fleury Bourriquant*, 1614, 8 pp.
portr. de Louis XIII. — MISTERES DU COQ RESSUS-
CITÉ, addressé à messieurs de Bayonne, sur l'heureux mariage
du Roy. *A Paris, de l'Imp. d'Antoine Champenois*, 1615, 14 pp.
— LETTRE DU ROY, envoyée à monsieur le président, sur
l'accomplissement et côsommation des mariages : Ensemble
les feux de joye faits en suitte d'iceux en la ville de Bourdeaux.
A Paris, pour Sylvestre Moreau, 1615, 6 pp. — PASQUIL DE
LA COUR, sur le retour de Bourdeaux. *S. l.*, 1616, 8 pp. —
Ens. 5 pièces pet. in-8, dont 3 cartonn. bradel et 2 non reliées.

103. LE TRIOMPHE GLORIEUX ET L'ORDRE DES CÉRÉ-
MONIES observées au mariage du Roy de la Grand'Bretagne
et de Madame, sœur du Roy, par le sieur D. B. *A Paris, de
l'Imp. de Jean Martin*, 1625, 16 pp. — L'ORDRE DES CÉRÉ-
MONIES observées au mariage du Roy de la Grand'Bretagne
et de Madame sœur du Roy. Ensemble l'ordre tenuë aux fian-
çailles faictes au chasteau du Louvre en la chambre de sa
Majesté. Avec l'ordre de service observé au souppé royal faict
en la grand'salle lembrissée de l'archevesché. *A Paris, de l'Imp.*

de Jean Martin, 1625, 16 pp. — Ens. 2 plaquettes pet. in-8. dont une rel. vélin blanc, l'autre cartonn. bradel demi toile.

On y a joint: Edict du Roy, portant création d'une maistrise, en toutes les villes et lieux du royaume de France, en faveur du mariage et entrée de Madame, sœur de sa Majesté, à présent Royne d'Angleterre. *A Paris, chez Nicolas Callemont*, 1625, pet. in-8 de 8 pp.

104. LA POMPEUSE ET MAGNIFIQUE CÉRÉMONIE DU SACRE du Roy Louis XIV, fait à Rheims le 7 juin 1654, représentée au naturel par ordre de leurs Majestez. *A Paris, de l'Imp. d'Edme Martin*, 1655, in-fol., mar. vert, fil. et dent., semis de fleurs de lis sur les plats, dos orné, tr. dor. (*Rel. anc.*).

Exemplaire aux **armes royales** : *fer de Louis XIII*.
Ouvrage orné de trois grandes planches pliées gravées par *Le Pautre*.
Très bel exemplaire dans une riche reliure dont les plats sont entièrement couverts d'un semis de fleurs de lis.

105. POMPE FUNÈBRE de Mazarin, en mars 1661. In-fol., monté sur onglets.

Réunion de cinq planches gravées par *D. Barrière* d'après l'abbé *Elp. Benoit*, représentant le catafalque et les différentes décorations qui furent faites pour cette cérémonie.

106. LA POMPE DU CONVOY de la Reine en l'église de Saint Denys, avec ce qui s'est passé à l'exposition du corps au château de Versailles, et au transport du cœur au Val de Grace. *A Toulouse, chez Antoine Colomiez*, s. d. (1683), 8 pp. — LA MAGNIFIQUE POMPE FUNÈBRE ET LE SERVICE SOLEMNEL qui s'est fait dans l'abbaye royale de Saint Germain des Prez, pour le repos de l'âme de très-haute, très-excellente et très pieuse princesse Marie Thérèse d'Autriche, infante d'Espagne, Reyne de France et de Navarre, avec l'explication des figures et des devises. *A Paris de l'Impr. de François Muguet*, 1683, 26 pp., — Ens. 2 pièces in-4, non reliées.

Ces deux relations sont ornées, la première, d'une planche représentant le convoi se rendant à Saint-Denis, le 10 août 1683; la deuxième, de deux planches, gravées par *Marot* d'après *Benoist*, représentant le mausolée et les 16 devises qui étaient placées sur ce mausolée, sur

l'estrade et aux quatre côtés de la corniche, pour la cérémonie du
15 septembre 1683 à Saint-Germain-des-Prés. La planche représentant
le convoi est spécialement curieuse au point de vue des costumes et
des noms des seigneurs qui y figurent.

107. LE SACRE DE LOUIS XV, Roy de France et de Navarre,
dans l'église de Reims, le dimanche XXV octobre M.DCC.XXII
(par DAUCHET) S. l. n. d. (Paris, 1722), gr. in-fol., mar. bleu, large
dent., chiffre de Louis XV, aux angles et au dos, dent. int., tr.
dor. (Rel. anc.).

Exemplaire aux armes de Louis **XV.**

Cet ouvrage, entièrement gravé, est orné d'un frontispice, de 9 grandes
planches doubles par *Cochin, Larmessin, Tardieu* et *Dupuis,* de 9 grandes
vignettes en-tête et de 30 planches représentant les habillements du
Roy et des grands officiers de la couronne. Chaque feuille de texte est
entourée de bordures.

Bel exemplaire dans une riche reliure de *Padeloup.*

108. SACRE DE LOUIS XV. (*Paris,* 1722), gr. in-fol., monté
sur onglets, cartonn. bradel papier escargot.

Suite rarissime des planches en **deux états** : AVANT et AVEC LA LETTRE :
Titre-frontispice, *avant* et *avec le texte gravé.*

Les neuf grandes vignettes en tête, *avant* et *avec le texte explicatif
gravé.*

Les neuf grandes planches *avant* et *avec la légende gravée.*

Les trente planches de costumes, *avant toute lettre* et *avec la lettre.*

La vignette du « *Roy mené au trône* » manque avant la lettre, ainsi que
la planche de l' « *Habillement d'un garde écossais* ». L'écusson aux armes
royales de la grande planche avant la lettre « *Le Roy mené au trône* » a
été enlevé.

Quelques planches ont des cassures, ou des petites restaurations.

109. COLLECTION DES OUVRAGES les plus intéressants
présentés à la cour à l'occasion du mariage de monseigneur le
Dauphin et de madame la Dauphine. *A Paris, chez Desnos,* 1770,
in-4, cartonné, non rogné.

Ouvrage rare, publié à l'occasion du mariage du Dauphin et de
Marie-Antoinette. Il est orné de deux très jolis portraits du dauphin et
de la dauphine, dans un médaillon entouré de roses ; d'un chiffre généalogique avec armes gravées ; de six médaillons gravés par *Chenu,*

d'après *R. de Petity*, *L'Elu* et *Gravelot*; de deux vignettes allégoriques gravées l'une par *Auvray*, d'après *Beauvais*, l'autre par *Ingouf* d'après *Dugourc*. Le texte divisé en plusieurs parties comprend notamment un dialogue par *Rossel* intitulé : *Les Bouquets de noce ou les deux bouquetières*.

Exemplaire à toutes marges et dans son cartonnage. Quelques planches sont fatiguées ou piquées par les vers. Le chiffre généalogique est coupé en deux.

110. DISCOURS prononcé le mardi 1 octobre mil sept cent soixante-onze, en l'église des religieuses carmélites de S. Denys, pour la cérémonie de la prise du voile de profession de Madame Louise Marie de France, par messire Armand de ROQUELAURE. *A Paris, chez Augustin-Martin Lottin*, 1771. in-4, mar. rouge, fil., fleurons aux angles, dos orné, dent. int., tr. dor. (*Rel. anc.*).

Exemplaire aux armes de LOUIS-STANISLAS-XAVIER, **comte de Provence**; *fer rare*.

Notes manuscrites sur le faux-titre, le titre et au verso du dernier feuillet.

111. SACRE ET COURONNEMENT de Louis XVI, Roi de France et de Navarre, à Rheims, le 11 juin 1775; précédé des recherches sur le sacre des Rois de France, depuis Clovis jusqu'à Louis XV, et suivi d'un journal historique de ce qui s'est passé à cette auguste cérémonie. *A Paris, chez Vente*, 1775, in-4, mar. rouge, fil., fleur de lis aux angles, dos fleurdelisé, dent. int., tr. dor. (*Rel. anc.*).

Exemplaire aux armes de **Louis XVI**.

Ouvrage orné d'un titre gravé, d'un frontispice, de 14 vignettes, de 48 planches, gravés par *Patas* et d'un plan de la ville de Reims par *dom Coutans*.

Bel exemplaire, en GRAND PAPIER DE HOLLANDE, dans une très fraîche reliure.

II. — OUVRAGES
RELATIFS A L'HISTOIRE DE PARIS

A. — HISTOIRE GÉNÉRALE

112. ANTIQUITÉZ (Les) croniques et singularitez de Paris,
ville capitalle du royaume de France. Avec les fondations et
bastiments des lieux, les sépulchres et épitaphes des princes,
princesses et autres personnes illustres, par Gilles CORROZET et
depuis augmenté par N. B. (Bonfons). *Paris, par Nicolas Bonfons, 1586-1588.* 2 parties en 1 vol. in-8, peau de truie, comp.
de fil. à froid, fleurons aux angles, dos orné. tr. dor. *(Trautz-
Bauzonnet).*

> Édition avec les figures de *Rabel.*
> Bel exemplaire.

113. THÉATRE (Le) des antiquitez de Paris, où est traicté de la
fondation des Églises et Chapelles de la cité, université, ville
et diocèse de Paris, comme aussi de l'institution du parlement, fondation de l'université et collèges, et autres choses
remarquables, divisé en quatre livres, par le R. P. F. Jacques
Du Breul. *A Paris, chez Claude de La Tour,* 1612, in-4 réglé,
mar. rouge, comp. de fil., L couronné sur les plats et au dos.
tr. dor. *(Rel. anc.).*

> Bel exemplaire en GRAND PAPIER, au chiffre de Louis XIII.

Première édition de cet ouvrage estimé. Elle est ornée de gravures et portraits par *Thomas de Leu* et *L. Gaultier*.

Petit cachet de la bibliothèque du roi sur le titre.

114. THÉATRE (Le) des antiquitez de Paris, où est traicté de la fondation des Églises et chapelles de la cité, université, ville et diocèse de Paris, comme aussi de l'institution du parlement, fondation de l'université et collèges et autres choses remarquables, divisé en quatre livres, par le R. P. Jacques Du Breul. *A Paris, chez Claude de La Tour*, 1612, un tome en 2 vol. in-4, mar. rouge, fil., dos orné. dent. int., tr. dor. (*Duru*).

Exemplaire aux armes du baron Jérôme **Pichon**.

Première édition de cet ouvrage estimé orné de gravures et portraits par *Thomas de Leu* et *L. Gaultier*.

Exemplaire contenant les deux suppléments : celui en latin, de 1614 et celui en français, de 1639.

115. ANTIQUITÉS (Les) de la ville de Paris, contenans la recherche nouvelle des fondations et establissemens des églises, chapelles, monastères, hospitaux, hostels, maisons remarquables, fontaines, regards, quais, ponts et autres ouvrages curieux; la chronologie des premiers présidens, advocats et procureurs généraux du parlement; prévosts gardes de la prévosté de la ville et vicomté de Paris; prévosts des marchands et eschevins de ladite ville, avec l'ordre observé en leur élection, les privilèges des bourgeois, et ordonnances d'icelle ville; juges et consuls des marchands selon l'ordre des années de leur élection, avec le pouvoir de leur jurisdiction, et estendue d'icelle (par Claude Malingre). *A Paris, chez Pierre Rocolet*, 1640, in-fol. réglé, figures, mar. rouge, comp. de fil. à la Du Seuil, fleurs de lis aux angles et au dos, dent. int.. tr. dor. (*Rel. anc.*).

Bel exemplaire aux armes de la **Ville de Paris**.

Cet ouvrage n'est autre chose qu'une troisième édition du *Théâtre des antiquités de Paris* de Du Breul, avec des additions et annotations de Malingre.

Ces additions portent surtout sur les travaux exécutés à Paris, pendant la régence de Marie de Médicis et sous le règne de Louis XIII.

116. ANNALES (Les) générales de la ville de Paris, représentant tout ce que l'histoire a peu remarquer de ce qui s'est passé de plus mémorable en icelle, depuis sa première fondation, jusques à présent. Le tout par l'ordre des années et des règnes de nos roys de France (par Claude MALINGRE). *A Paris, chez Pierre Rocolet*, 1640, in-fol. réglé, mar. rouge, comp. de fil. à la Du Seuil, fleur de lis aux angles et au dos, dent. int., tr. dor. (*Rel. anc.*).

Bel exemplaire aux armes de la **Ville de Paris**.
Ouvrage rare.

117. ABRÉGÉ des antiquitez de la ville de Paris, contenant les choses les plus remarquables tant anciennes que modernes (par François COLLETET). *A Paris, chez Jean Guignard*, 1664, in-12, mar. rouge jans., dent. int., tr. dor. (*Trautz-Bauzonnet*).

Ouvrage rare qui est un abrégé de celui de C. Malingre.

118. HISTOIRE de la ville de Paris, composée par D. Michel FÉLIBIEN, revue, augmentée et mise au jour par D. Guy-Alexis LOBINEAU, justifiée par des preuves authentiques et enrichie de plans, de figures, et d'une carte topographique. *A Paris, chez Guillaume Desprez*, 1725, 5 vol. in-fol., veau marb., fil., dos orné, dent. int., tr. dor. (*Rel. anc.*).

Exemplaire en GRAND PAPIER aux armes de **Madame de Pompadour**.

119. NOUVELLE DESCRIPTION de la ville de Paris, et de tout ce qu'elle contient de plus remarquable, par Germain BRICE. Enrichie d'un nouveau plan et de nouvelles figures dessinées et gravées correctement. Huitième édition revue et augmentée de nouveau. *A Paris, chez Julien Michel Gandouin*, 1725, 4 vol. in-12, mar. rouge, fil., pièces d'armoiries au dos, dent. int., tr. dor. (*Rel. anc.*).

Bel exemplaire aux armes de FRANÇOIS de **Nesmond**, *évêque de Bayeux*. Cette édition renferme 39 planches dont un plan. La planche du *tombeau de Richelieu* manque.

120. SÉJOUR de Paris, c'est-à-dire instructions fidèles, pour les

voiageurs de condition, comment ils se doivent conduire, s'ils
veulent faire un bon usage de leur tems et argent, durant leur
séjour à Paris ; comme aussi une description suffisante de la
Cour de France, du parlement, de l'université, des académies,
et bibliothèques, avec une liste des plus célèbres savans, artisans, et autres choses remarquables, qu'on trouve dans cette
grande et fameuse ville, par le S'. J. C. NEMEITZ. *A Leide, chez
Jean van Abcoude, 1727. 2 vol. in-12, veau fauve, fil., armoiries
aux angles et au dos, dent. int., tr. rouges (Rel. anc.).*

Exemplaire aux armes de LOUIS ROBERT HIPPOLYTE **de Bréhant,
comte de Plélo.**
Nombreuses planches hors texte gravées en taille-douce.

121. HISTOIRE de la ville de Paris (par l'abbé P. F. GUYOT-
DESFONTAINES et L. J. de LA BARRE). *A Paris, chez Guillaume
Desprez, 1735, 5 vol. in-12, veau, dos orné, tr. marb. (Rel. anc.).*

Ouvrage orné de 4 plans pliés.
Reliure fatiguée.

122. DISTRIBUTION de la ville de Paris et de ses faubourgs, en
seize quartiers, par ordonnance de MM. les prévôt des marchands et échevins, du 24 février 1744. *A Paris, de l'Imp. de
P. G. Le Mercier, 1744, in-fol., veau marb., fil., dos orné, dent.
int., tr. rouges (Rel. anc.).*

Cet exemplaire contient un plan de Paris colorié et collé sur toile
divisé en seize quartiers, levé par l'abbé DELAGRIVE. Sur ce plan, on
remarque un joli cartouche, avec les armes du prévôt des marchands
et des échevins, gravé par *Marvye* d'après *Lange.*
Éraflure au premier plat de la reliure.

123. HISTOIRE et recherches des antiquités de la ville de Paris,
par Henri SAUVAL. *A Paris, chez Gissey, 1750, 3 vol. in-fol., mar.
citron, fil., dos orné, dent. int., tr. dor. (Rel. anc.).*

Exemplaire aux armes de **Madame Sophie,** *fille de Louis XV.*
Cet exemplaire renferme la partie intitulée : *Amours des rois de
France,* qui manque à la plupart des exemplaires ; elle est reliée à la
fin du premier volume.

124. NOUVELLES ANNALES de Paris, jusqu'au règne de
Hugues Capet. On y a joint le poème d'Abbon sur le fameux
siège de Paris, par les normans en 885 et 886, beaucoup plus
correct que dans aucune des éditions précédentes; avec des
notes pour l'intelligence du texte, par dom Toussaints Du
Plessis. *A Paris, chez la veuve Lottin et J. H. Butard*, 1753, in-4,
veau marb., dos orné, tr. rouges (*Rel. anc.*).

125. HISTOIRE de la ville et de tout le diocèse de Paris, par
M. l'abbé Lebeuf. *A Paris, chez Prault père*, 1754-1758, 15 tomes
en 16 vol. in-12, veau marb., dos orné, tr. rouges (*Rel. anc.*).

> Excellent ouvrage, précieux par l'exactitude des recherches et par
> les nombreux détails historiques qu'il renferme.
> Exemplaire en parfait état de conservation.

126. DESCRIPTION de la généralité de Paris, contenant l'état
ecclésiastique et civil de cette généralité; le pouillé des diocèses
de Paris, Sens, Meaux, Beauvais et Senlis; le nom de ceux qui
occupent les charges civiles et les emplois dans les 22 villes,
chefs-lieux d'élections, qui composent la généralité de Paris:
la composition des six bataillons de milices, et les noms des
officiers de ces bataillons; les noms des seigneurs des terres de
la généralité, avec la position et tous les détails qu'on a pu
rassembler sur ces terres (par Philippe Hernandez). *A Paris,
chez Moreau*, 1759, in-8, veau marb., dos orné, tr. rouges
(*Rel. anc.*).

127. NOUVEL ATLAS de la généralité de Paris, divisé en ses
22 élections, avec la carte générale où l'on verra la disposition
relative de chacune des dites élections. Ouvrage très utile
à toutes les personnes employées à la perception des deniers
royaux et aux amateurs de géographie. On y trouvera exactement toutes les villes, bourgs, villages et hameaux, bois, che-
mins, etc. Dressé d'après les nouvelles observations faites sur
les lieux par une société de gens de lettres. *A Paris, chez L. C. Desnos*, 1762, in-4, veau marb., dos orné, tr. rouges (*Rel. anc.*).

> Texte explicatif imprimé et 21 cartes et plans gravés et coloriés, dans
> de jolis encadrements.

128. DESCRIPTION historique de la ville de Paris et de ses environs, par feu M. Piganiol de La Force. *A Paris, chez les libraires associés,* 1765, 10 vol. in-12, mar. rouge, fil., dos orné, dent. int., tr. dor. (*Rel. anc.*).

> Très bel exemplaire aux armes de Marie-Thérèse, de Savoie, comtesse d'Artois.
>
> Un des meilleurs ouvrages sur le vieux Paris. Il est orné de plans et de figures représentant les anciens monuments.

129. ÉTRENNES françoises, dédiées à la ville de Paris, pour l'année jubilaire du règne de Louis Le Bien-Aimé, par l'abbé de Petity. *A Paris, chez Pierre-Guillaume Simon,* 1766, in-4, mar. rouge, fil., dos orné, dent. int., tr. dor. (*Rel. anc.*).

> Exemplaire du premier tirage aux armes de Louis XV, et de la Ville de Paris.
>
> Ouvrage orné de 2 planches d'armoiries, 5 figures en médaillon par *Saint-Aubin* et une figure allégorique par *Gravelot*, gravées par *Chenu, Duclos* et *Littret*.

130. VOYAGE pittoresque des environs de Paris, ou description des maisons royales, châteaux et autres lieux de plaisance, situés à quinze lieues aux environs de cette ville; par M. D*** (Ant. Nic. Dezallier d'Argenville). *A Paris, chez De Bure père,* 1768, in-12, frontispice, veau, marb., dos orné, tr. rouges (*Rel. anc.*).

131. VOYAGE pittoresque de Paris, ou description de tout ce qu'il y a de plus beau dans cette grande ville, en peinture, sculpture et architecture, par M. D***. (Ant. Nic. Dezallier d'Argenville). *A Paris, chez De Bure père,* 1770, in-12, veau marb., dos orné, tr. rouges (*Rel. anc.*).

> Exemplaire aux armes de Marie-Antoinette.
>
> Nombreuses planches hors texte, gravées en taille-douce.

132. CURIOSITÉS de Paris, de Versailles, Marly, Vincennes, Saint-Cloud, et des environs. Nouvelle édition augmentée de

la description de tous les nouveaux monumens, édifices et autres curiosités, avec les changemens qui ont été faits depuis environ vingt ans, par M. L. R. (Le Rouge). *A Paris, chez les libraires associés,* 1771, 2 vol. — NOUVEAU VOYAGE de France, géographique, historique et curieux, disposé par différentes routes, à l'usage des étrangers et des françois, contenant une exacte explication de tout ce qu'il y a de singulier et de rare à voir dans ce royaume ; avec les adresses pour trouver facilement les routes, les voitures et autres utilités nécessaires aux voyageurs, par M. L. R. (Le Rouge). *A Paris, chez les libraires associés,* 1771, 1 vol. — Ens. 3 vol. in-12, veau marb., dos orné, tr. marb. *(Rel. anc.)*:

Ouvrage orné d'une carte et de nombreuses planches de vues de monuments gravées en taille-douce.

Reliure fatiguée.

133. RECHERCHES critiques, historiques et topographiques sur la ville de Paris, depuis ses commencements connus jusqu'à présent ; avec le plan de chaque quartier, par le S' Jaillot. *A Paris, chez l'auteur,* 1775, 6 vol. in-8, dont un de table, titres gravés, plans, veau marb., dos orné, tr. marb. *(Rel. anc.)*.

Cet ouvrage est l'un des plus soigneusement écrits sur l'histoire de Paris. L'auteur, *Renon de Chevigné* dit *Jaillot,* a eu le soin de remonter aux sources historiques les plus autorisées.

Le tome II est en reliure moderne et le X' quartier (Saint-Martin) ne s'y trouve pas.

134. ESSAIS historiques sur Paris, de Monsieur de Saintfoix. Troisième édition, revue, corrigée et augmentée. *A Paris, chez Duchesne,* 1763-1777, 7 vol. in-12, veau marb., dos orné, tr. marb. *(Rel. anc.)*.

Exemplaire fatigué.

135. DICTIONNAIRE historique de la ville de Paris et de ses environs, dans lequel on trouve la description des monumens et curiosités de cette capitale ; l'établissement des maisons religieuses, celui des communautés d'artistes et d'artisans ; le nombre des rues et leur détail historique, tous les collèges et

les bourses qui leur sont affectées, etc., etc., etc. ; avec le plan
nouveau de la ville et celui des environs à quinze lieues au
moins à la ronde, par MM. HURTAUD et MAGNY. *A Paris, chez
Moutard*, 1779, 4 vol. in-8, mar. vert. fil., dos orné, dent. int.
(*Rel. anc.*).

Exemplaire aux armes de LOUIS-MARIE-AUGUSTIN, **Duc d'Aumont.** Ces
armes sont frappées sur le dos des reliures.

136. DESCRIPTION historique de Paris et de ses plus beaux
monumens, gravés en taille-douce par F. N. MARTINET ; pour
servir d'introduction à l'histoire de Paris et de la France,
dédiée au Roi, par M. BÉGUILLET. *A Paris, chez les auteurs*,
1779-1781, 3 vol. in-8, veau marb., pet. dent., dos orné, dent.
int., tr. dor. (*Rel anc.*).

Exemplaire aux armes de HENRI, MARQUIS DE **Villeneuve Bargemont.**
Ouvrage orné de 3 titres gravés, 2 frontispices, 3 en-têtes, 10 planches
d'allégories et de portraits et 78 jolies vues de Paris. le tout gravé par
Martinet.

137. GUIDE des amateurs et des étrangers voyageurs à Paris.
ou description raisonnée de cette ville, de sa banlieue, et de
tout ce qu'elles contiennent de remarquable, par M. THIÉRY.
A Paris, chez Hardouin et Gattey, 1787, 2 vol. in-12, veau marb.,
dos orné, tr. marb. (*Rel. anc.*).

Le meilleur guide de Paris du XVIIIᵉ siècle. On y trouve des renseignements
nombreux sur les galeries de tableaux, collections d'objets
de curiosité, etc.
L'ouvrage est orné de 12 jolies figures se dépliant, représentant les
monuments de Paris, gravées par *Jourdan* d'après *Thiéry.*

138. ÉLECTION DE PARIS, divisé en six subdélégations.
S. l. n. d., in-4, mar. rouge, fil., dos orné, dent. int., tr. dor.
(*Rel. anc.*).

Exemplaire aux armes de LOUIS JEAN **Berthier de Sauvigny,** maître
des requêtes de l'hôtel du roi, intendant de la généralité de Paris.
Recueil de 6 cartes gravées et coloriées avec la liste manuscrite des
paroisses de chaque subdélégation.

———————

B. — HISTOIRE TOPOGRAPHIQUE ET MONUMENTALE

139. EXPLICATION historique de ce qu'il y a de plus remarquable dans la maison royale de Versailles et en celle de Monsieur à Saint-Cloud, par le sieur COMBES. *A Paris, de l'Imp. de C. Nego*, 1681, in-12, vélin blanc, tr. marb.

140. DESCRIPTION générale de l'hostel royal des Invalides, établi par Louis le Grand dans la plaine de Grenelle, près Paris. Avec les plans, profils et élévation de ses faces, coupes et appartemens (par le Jeune de BOULENCOURT). *A Paris, chez l'auteur*, 1683, in-fol., mar. rouge, comp. de fil., chiffre de Louis XIV aux angles et au dos, dent. int., tr. dor. (*Rel. anc.*).

> Exemplaire aux armes de **Louis XIV**. Reliure du *Cabinet du Roi*.
> Bel ouvrage orné d'un frontispice et de 18 grandes planches gravés par *J. Marot*.

141. DESCRIPTION de l'Église royale des Invalides (par FÉLIBIEN DES AVAUX). *A Paris*, 1706, in-fol., mar. rouge, fil., chiffre de Louis XIV au dos, dent. int., tr. dor. (*Rel. anc.*).

> Exemplaire aux armes de **Louis XIV**.
> Ouvrage orné d'un frontispice représentant les Invalides; chaque page est entourée de superbes bordures gravées en taille-douce, nombreux en-têtes, lettres ornées, culs-de-lampe, etc.

142. PLANS et profils de l'Église des Invalides. S. *l. n. d.*, in-fol., mar. rouge, comp. de fil., chiffre de Louis XIV aux angles et au dos, dent. int., tr. dor. (*Rel. anc.*).

> Exemplaire aux armes de **Louis XIV**. Reliure du *Cabinet du Roi*.
> Recueil de 14 grandes planches pliées; quelques-unes ont des cassures et des morceaux enlevés.

143. HISTOIRE de l'hôtel royal des Invalides, où l'on verra le
secours que nos Rois ont procurés dans tous les tems aux officiers et soldats hors d'état de servir, par M. Jean-Joseph Granet.
A Paris, chez Guillaume Desprez, 1736, in-fol., mar. rouge, comp.
de fil. et large dent., dos orné, dent. int., tr. dor. (*Rel. anc.*).

> Armoiries sur les plats de la reliure.
> Ouvrage orné d'un frontispice et de nombreuses planches dessinées
> et gravées par *Cochin*.

144. DESCRIPTION historique de l'hôtel royal des Invalides,
par M. l'abbé Pérau, avec les plans, coupes, élévations géomé-
trales de cet édifice, et les peintures et sculptures de l'église.
A Paris, chez Guillaume Desprez, 1756, in-fol., fleur de lis aux
angles et au dos, dent. int., tr. dor. (*Rel. anc.*).

> Exemplaire aux armes de Louis Stanislas Xavier, **comte de Provence**.
> Ouvrage orné d'un frontispice, un fleuron sur le titre, 2 vignettes,
> 2 lettres ornées et 187 grandes planches gravées par *Cochin*.

145. INQUISITION FRANÇOISE (L') ou histoire de la Bastille,
par M. Constantin de Renneville. *A Amsterdam, chez Balthazar
Lakeman*, 1724, 5 vol. in-12, veau, dos orné, tr. rouges (*Rel.
anc.*).

> Nombreuses planches hors texte, gravées en taille-douce.
> Exemplaire un peu fatigué.

146. PLAN de Paris, commencé l'année 1734, dessiné et gravé
sous les ordres de messire Michel Étienne Turgot....... (*Paris*),
1739, gr. in-fol., monté sur onglets, mar. rouge, dent. fleurdelisée, fleur de lis aux angles et au dos, dent. int., tr. dor.
(*Rel. anc.*).

> Exemplaire aux armes de la **Ville de Paris**.
> Ce plan, dit communément plan de Turgot, a été levé et dessiné
> par *Louis Bretez*, gravé par *Claude Lucas* et écrit par *Aubin*. Il se com-
> pose d'un tableau d'assemblage et de 20 planches.

147. RÉDUCTION de la carte topographique des environs de
St. Hubert et de Rambouillet, levée par ordre du Roi, par les

ingénieurs géographes des camps et marches des armées de sa
Majesté, sous la direction du Sr. BERTHIER, en 1764. (Paris).
1764, carte coloriée, gr. in-fol. collée sur toile et pliée dans un
étui in-12, en mar. vert à longs grains, fil. et dent.

Sur le premier plat de l'étui on lit, en lettres dorées : *Environs de
Saint Hubert et de Rambouillet. M. Stourm à Saint Arnoult.*

148. PLAN topographique et raisonné de Paris, par les Srs. PAS-
QUIER et DENIS. *A Paris, chez Pasquier*, 1765, in-12, mar. vert
jans., dent. int., tr. dor. *(Belz-Niédrée).*

Cet ouvrage, entièrement gravé, se compose de 3 plans de Paris,
de 40 plans de quartiers et d'une carte des environs. Il est orné, en
outre, de 12 jolis petits en-têtes ou culs-de-lampe représentant des
vues de Paris, par *Pasquier.*
Deuxième édition corrigée et augmentée.

149. RUES (Les) et les environs de Paris, par JAILLOT. *A Paris,
chez Ph. D. Langlois*, 1777, 2 vol. in-12, carte, veau marb., dos
orné, tr. rouges *(Rel. anc.).*

150. OBSERVATEUR (L') de Paris et du royaume, ou mémoires
historiques et politiques, par M. MERCIER. *A Londres*, 1785, in-8,
veau marb., dos orné de lyres, tr. jaunes *(Rel. anc.).*

151. TABLEAU de Paris (par L. S. MERCIER). Nouvelle édition
corrigée et augmentée. *A Amsterdam*, 1782-1788, 12 vol. in-8,
veau vert, fil., dos orné, tr. jaunes *(Rel. anc.).*

Édition la meilleure et la plus complète de cet important ouvrage.
Exemplaire auquel on a ajouté : TABLEAU DE PARIS, ou explication de
différentes figures gravées à l'eau-forte pour servir aux différentes
éditions du tableau de Paris. *Yverdon*, 1787; SUITE COMPLÈTE du titre
et des 96 planches gravées à l'eau forte par *Dunker*, avec texte explicatif.
Ce recueil est tomé XIII et dans une reliure semblable à celle de
l'ouvrage.

C. — HISTOIRE RELIGIEUSE

152. CABINET (Le) de la bibliothèque Sainte Geneviève, divisé
en deux parties, contenant les antiquitez de la religion des
chrétiens, des égyptiens et des romains; des tombeaux, des
poids et des médailles; des monnoyes, des pierres antiques
gravées et des minéraux; des talismans, des lampes antiques,
des animaux les plus rares et les plus singuliers, des coquilles
les plus considérables, des fruits étrangers, et quelques plantes
exquises, par le R. P. Claude Du Molinet. *A Paris, chez Antoine
Dezallier*, 1692, in-fol., mar. rouge, dos orné, dent. int., tr. dor.
(*Rel. anc.*).

> Exemplaire en GRAND PAPIER.
>
> Ouvrage orné d'un frontispice, un portrait et nombreuses planches
> gravées par *Erlinger*.

153. ÉLOGES historiques des évesques et archevesques de
Paris, qui ont gouverné cette église depuis environ un siècle,
jusques au décès de M. François Harlay-Chanvalon, nommé
par le Roy au cardinalat (par Estienne Algay de MARTIGNAC).
A Paris, chez François Muguet, 1698, in-4, veau, fil., dos orné,
tr. rouges (*Rel. anc.*).

> Exemplaire en GRAND PAPIER.
> Ouvrage orné de 6 beaux portraits gravés par *Duflos*.

154. HISTOIRE de l'abbaye royale de Saint-Denis en France,
contenant la vie des abbez qui l'ont gouvernée depuis onze
cens ans; les hommes illustres qu'elle a donnez à l'église et à
l'état; les privilèges accordez par les souverains pontifes et par
les évêques; les dons des Rois, des princes et autres bienfai-
teurs. Avec la description de l'église et de tout ce qu'elle contient de remarquable, par dom Michel FÉLIBIEN. *A Paris, chez*

Frédéric Léonard, 1706, in-fol., mar. rouge, fil., **dos orné, dent.
int., tr. dor.** (*Rel. anc.*).

Exemplaire en GRAND PAPIER aux armes de FRANÇOISE-ATHÉNAÏS de
Rochechouart-Mortemart, marquise de Montespan.
Le meilleur ouvrage qui ait été écrit sur cette abbaye. Mouillures à
quelques feuillets.

155. HISTOIRE de l'abbaye royal de Saint Germain des Prez,
contenant la vie des abbez qui l'ont gouvernée depuis sa fondation ; les hommes illustres qu'elle a donnez à l'église et à
l'état ; les privilèges accordez par les souverains pontifes et par
les évêques ; les dons des rois, des princes et autres bienfai-
teurs. Avec la description de l'église, des tombeaux et de tout
ce qu'elle contient de plus remarquable, par dom Jacques
BOUILLART. *A Paris, chez Grégoire Dupuis*, 1724, in-fol., veau
fauve, fil., fleur de lis aux dos, dent. int., tr. dor. (*Rel. anc.*).

Exemplaire en GRAND PAPIER aux armes de LOUIS de **Bourbon-Condé,
comte de Clermont,** *abbé du Bec.*
Ouvrage orné de nombreuses planches hors texte gravées par *Baquoy,
Hérisset, Pignet,* etc., d'après *Chaufourier.*

156. Histoire de l'abbaye de Port-Royal (par l'abbé Jérôme
BESOIGNE). *A Cologne, aux dépens de la compagnie*, 1752, 6 vol.
in-12, veau marbr., dos orné, tr. rouges (*Rel. anc.*).

Exemplaire un peu fatigué.

157. DESCRIPTION historique des curiosités de l'église de
Paris, contenant le détail de l'édifice, tant extérieur qu'intérieur, le trésor, les chapelles, tombeaux, épitaphes, et l'explication des tableaux, avec les noms des peintres, etc., par
M. C. P. G. (abbé de MONTJOYE). *A Paris, chez C. P. Gueffier,*
1763, in-12, mar. rouge, fil., dauphin et fleur de lis aux angles
et au dos, doubl. et gardes de tabis violet, dent. int., tr. dor.
(*Rel. anc.*).

Exemplaire aux armes de Louis, dauphin, *petit-fils de Louis XV.*
Ouvrage orné de 6 planches gravées en taille-douce.

158. DESCRIPTION historique des curiosités de l'église de
Paris, contenant le détail de l'édifice, tant extérieur qu'intérieur, le trésor, les chapelles, tombeaux, épitaphes et
l'explication des tableaux, avec les noms des peintres, etc..
par M. C. P. G. (abbé de MONTJOYE). *A Paris, chez C. P. Gueffier*.
1763, in-12, planches, mar. vert, fil., fleur de lis aux angles et
au dos, dent. int., tr. dor. (*Rel. anc.*).

Exemplaire aux armes de MARIE-THÉRÈSE **de Savoie, comtesse d'Artois.**

159. ARCHEVÊCHÉ de Paris, divisé en ses 3 archidiaconés,
en ses 2 archiprêtrés, et subdivisé en ses 7 doyennés ruraux.
Dédié au clergé du diocèse par BERTHAULT. *A Paris, chez l'auteur, s. d.* (1764), in-12, veau marb., dos orné, tr. rouges (*Rel.
anc.*).

Titre gravé par *Berthault* d'après *Marillier* et 16 cartes coloriées.

160. POUILLÉ historique et topographique du diocèse de Paris,
par L. DENIS. *A Paris, chez Des Ventes de Ladoué*, 1767, in-fol..
mar. La Vall., comp. de fil., fleurons aux angles, dos orné,
doubl. aux armes et au chiffre du comte René de Béarn
(*Chambolle-Duru*).

Ouvrage entièrement gravé comprenant un titre allégorique, une
dédicace et 8 cartes et plans.

161. ALMANACH des environs de Paris contenant la topog.[hie] de
l'archev.[ché] et des différens endroits du Diocèse. *A Paris, chez le
s.[r] Desnos*, 1779, in-12, mar. vert, jans., dent. int., tr. dor.
(*Belz-Niédrée*).

Cet ouvrage se compose d'un titre et de 16 cartes coloriées.

---

162. ORDONNANCE du Roy, et ampliation sur icelle, pour faire
sortir et vuider hors la ville et faux-bourgs de Paris, tous ceux
qui sont de la religion protéduc réformée, et défences à eux de
n'y rentrer, sur les peines contenues en icelles. *A Paris, par
Guillaume de Nyverd, s. d.* (1568), in-12 de 7 ff. non chiff., mar.

La Vall., doubl. aux armes et au chiffre du comte René de
Béarn, tr. dor. (*Chambolle-Duru*).

163. REMONSTRANCES très humbles de la ville de Paris et des
bourgeois et citoyens d'icelle, au Roy leur souverain Seigneur.
A Rouen, par Pierre Drindou, 1576, pet. in-8 de 15 pp., mar. La
Vall., doubl. aux armes et au chiffre du comte René de Béarn,
tr. dor. (*Chambolle-Duru*).

164. REMONSTRANCES au Roy et aux Estatz, par messieurs
de la maison de ville de Paris, pour l'entretenement de la
paix. *A Paris, par Jean Martin*, 1577, pet. in-8 de 8 ff. non chiff.,
mar. La Vall., doubl. aux armes et au chiffre du comte René de
Béarn, tr. dor. (*Chambolle-Duru*).

165. DISCOURS au peuple de Paris, et autres catholiques de
France, sur les nouvelles entreprises des rebelles et séditieux.
A Paris, chez Michel de Roigny, 1585, pet. in-8 de 30 pp., mar.
La Vall. doubl. aux armes et au chiffre du comte René de
Béarn, tr. dor. (*Chambolle-Duru*).

166. ADVIS de messieurs du conseil général de l'union des
catholiques establ y à Paris, sur la nomination et élection de
monseigneur le duc de Mayenne, pair de France, pour luy estre
donné le tiltre de lieutenant général de l'Estat royal et couronne de France, attendant l'assemblée des Estats de ce
royaume. Avec l'arrest de la cour sur ce intervenu et le serment faict par ledict seigneur. *A Lyon, par Jean Pillehotte*, 1589,
pet. in-8 de 14 pp., mar. La Vall., doubl. aux armes et au
chiffre du comte René de Béarn, tr. dor. (*Chambolle-Duru*).

167. ADVIS et résolution de la sacrée faculté en théologie de
Paris sur cette question asçavoir s'il est loisible de jurer l'édict
d'union. *A Paris, par Guillaume Chaudière*, 1589, pet. in-8 de
14 pp., mar. La Vall., doubl. aux armes et au chiffre du comte
René de Béarn, tr. dor. (*Chambolle-Duru*).

168. COPPIE de la response faicte par un politique de ceste
ville de Paris, aux précédens mémoires secrets, qu'un sien
amy lui avoit envoyés de Blois, en forme de missive. *S. l. n. d.*
(*Paris*, 1589), pet. in-8 de 29 pp. et d'un feuillet non chiff.,
mar. La Vall., doubl. aux armes et au chiffre du comte René
de Béarn, tr. dor. (*Chambolle-Duru*).

169. ADVIS donné à monseigneur le duc du Mayne après le
retour de son armée à Paris, au conseil de l'Union, au prévost
des marchans et eschevins, par un gentilhomme catholique
très affectionné en cette saincte cause, pour le repos de la
France. *A Paris, par Pierre Mercier*, 1589, pet. in-8 de 16 pp.,
mar. La Vall., doubl. aux armes et au chiffre du comte
René de Béarn, tr. dor. (*Chambolle-Duru*).

170. EMBLÈMES et devises au cardinal Caietan; Manuscrit du
XVIᵉ siècle, sur vélin, in-fol., vélin blanc, fil., milieu et angles
ornés, chiffre sur les plats et au dos, tr. dor. (*Rel. anc.*).

> Beau manuscrit au chiffre de HENRI **Caietan**, *cardinal légat du pape
> Sixte V*.
>
> Recueil de 25 grands emblèmes peints en couleur et rehaussés d'or,
> avec devises latines en vers à l'adresse du cardinal Caietan. Ce cardi-
> nal venait en France, comme légat du pape, apporter à la Ligue les
> bénédictions du Saint-Siège ainsi que tous les encouragements dans la
> lutte contre Henri IV. Il fit son entrée solennelle à Paris le 5 jan-
> vier 1590. C'est à cette occasion, impatiemment attendue, que ces
> emblèmes lui furent offerts.
>
> D'une conception un peu lourde, ces emblèmes sont néanmoins inté-
> ressants pour l'histoire de Paris, à cette époque troublée par les intri-
> gues des Seize et le fanatisme des moines. Parmi les noms la plupart
> parisiens qui figurent au bas de chaque aquarelle, nous citerons:
> Rodolphe d'Auteuil, Louis Gleyse, Pierre d'Aubray, Guillaume
> Legras, etc., etc.

171. HARANGUE au révérendissime et illustrissime légat
Henry Caietan, faicte par aucuns bourgeois de Paris. *A Paris,
chez Didier Millot*, 1590, pet. in-8 de 16 pp., mar. La Vall.,
doubl. aux armes et au chiffre du comte René de Béarn, tr. dor.
(*Chambolle-Duru*).

172. FORME (La) du serment de l'Union que doivent faire et répéter tous les bons catholiques unis pour la deffence de l'Eglise catholique, apostolique et romaine, et conservation de l'Estat royal et couronne de France, selon qu'il a esté fait solennellement et publiquement en la ville de Paris, le dimanche 11 jour de mars 1590, en l'église et monastère des Augustins (entre les mains de monseigneur l'illustrissime cardinal Caietan, légat du S. Siège apostolique, assisté de plusieurs prélats) par messieurs les prévost des marchans, eschevins, collonels, capitaines, lieutenans, et enseignes des quartiers et dizaines de ladite ville de Paris. S. l. (Paris), chez *Guillaume Bichon*, 1590, pet. in-8 de 15 pp., mar. La Vall., doubl. aux armes et au chiffre du comte René de Béarn, tr. dor. (*Chambolle-Duru*).

173. DISCOURS véritable de la deffence de messieurs les habitans de Paris, conduits avec leurs garnisons par monseigneur le duc de Nemours, contre le Roy de Navarre qui vouloit loger son armée aux faulx bourgs S. Martin, pour battre la ville, où fut blessé à mort le sieur de la Nouë. *A Paris, pour Hubert Velu*, 1590, pet. in-8 de 15 pp., mar. La Vall., doubl. aux armes et au chiffre du comte René de Béarn, tr. dor. (*Chambolle-Duru*).

D.   HISTOIRE CIVILE ET JUDICIAIRE ARMÉE DE PARIS

174. EDICT du Roy sur l'élection d'un juge et quatre consuls des marchans en la ville de Paris, lesquels cognoistront de tous procès et différends qui seront cy après meuz entre lesdicts marchans pour faict de marchandise. *A Paris, par Robert*

Estienne, 1563, pet. in-8, de 10 ff. non chiff., mar. rouge, jans., dent. int., tr. dor. (*Cuzin*).

175. LETTRES PATENTES du Roy, pour faire saisir et arrester tous et chascûs les fruicts, profiets et revenus têporels des abbayes, et prieurez, estants au dedans du ressort et jurisdiction de cette ville de Paris, entre les mains des fermiers et receveurs d'iceulx. *A Paris, par Robert Estienne*, 1568, pet. in-8 de 4 ff. non chiff., mar. La Vall., doubl. aux armes et au chiffre du comte René de Béarn, tr. dor. (*Chambolle-Duru*).

176. DÉCLARATION du Roy, par laquelle il permet à toutes personnes tenants estats et offices en cette ville de Paris, et au dedans le ressort d'icelle, qui n'ont gaiges ou pensions sur ses finances, d'en pouvoir disposer et les résigner, en payant le tiers denier. *A Paris, par Robert Estienne*, 1568, pet. in-8 de 4 ff. non chiff., mar. La Vall., doubl. aux armes et au chiffre du comte René de Béarn, tr. dor. (*Chambolle Duru*).

177. ORDONNACE des juges députez par le Roy pour la police, par laquelle est défendu à tous bourgeois, manans et habitâs de la ville, faux-bourgs, prévosté et vicomté de Paris, leurs gens et serviteurs, et mesmes aux gens des villages, d'aller ny eux transporter ès tavernes et cabarets : et à toutes personnes, de les y recevoir : de vendre vin emmy les rues, bleds ou grains ailleurs que ès marchez ordinaires : et de jurer ne blasphémer le nom de Dieu : sur les peines contenues en laditte ordonnance. *A Paris, de l'Imp. de Frédéric Morel*, 1573, petit in-8 de 4 ff. non chiff., mar. La Vall., doubl. aux armes et au chiffre du comte René de Béarn, tr. dor. (*Chambolle-Duru*).

178. COUSTUMES de la prévosté et vicomté de Paris, mises et rédigées par escrit, en présence des gens des trois Estats de ladite prévosté et vicomté, par nous Chrestofle de Thou, premier président, Claude Anjorrant, Mathieu Chartier, Jaques Viole et Pierre de Longueil, conseillers du Roy en sa cour de par-

lement, et commissaires par luy ordonnez. *A Paris, chez Jaques
du Puys*, 1585, in-4 réglé, vélin blanc, fil., dos orné, tr. dor.
(*Rel. anc.*).

> Joli exemplaire aux armes de la **Ville de Paris**.
> Nouvelle édition des *Coutumes de Paris* remaniées.
> Petite piqûre de ver dans la marge des derniers feuillets.

179. ORIGINE (De l'), et establissement du parlement, et autres
jurisdictions royalles estans dans l'enclos du Palais royal de
Paris par Pierre de MIRAULMONT. *A Paris, chez Claude La Tour*,
1612, pet. in-8, vélin blanc (*Rel. anc.*).

180. PRÉSIDENS AU MORTIER (Les) du parlement de Paris.
Leurs emplois, charges, qualitez, armes, blasons et généalogies, depuis l'an 1331 jusques à présent. Ensemble un catalogue de tous les conseillers selon l'ordre des temps et de leurs
réceptions : enrichi du blason de leurs armes, et de plusieurs
remarques concernans leurs familles, par François BLANCHARD.
A Paris, chez Cardin Besongne, 1647, in-fol., veau marb., dos
orné (*Rel. anc.*).

> Exemplaires aux armes de CLAUDE MARIE **Fevret de Fontette**, *con-
> seiller au parlement de Dijon*.
> Ouvrage orné d'un frontispice et de nombreux blasons gravés en
> taille douce.
> Le catalogue des conseillers a une pagination séparée.

181. RECUEIL contenant les édits et déclarations du Roy sur
l'établissement et confirmation de la jurisdiction des consuls
en la ville de Paris, et autres; et les ordonnances et arrests
donnés en faveur de cette justice. *A Paris, de l'Imp. de Denys
Thierry*, 1705, 2 parties en 1 vol. in-4, mar. rouge, fil. semis de
fleurs de lis sur les plats et le dos, dent. int., tr. dor. (*Rel. anc.*).

> Exemplaire aux armes de la **Ville de Paris**.
> Très fraîche reliure dont les plats sont entièrement couverts d'un
> semis de fleurs de lis. Légères taches à quelques feuillets.

182. ARTICLES, statuts, ordonnances et réglements des jurez,
anciens bacheliers, et maistres queulx, cuisiniers, porte-chappes

et traiteurs de la ville, fauxbourgs, banlieuë, prévoté et vicomté
de Paris. *A Paris, chez Sevestre*, 1714, in-4, mar. rouge, fil. et
dent. fleurdelisée, dos orné, dent., int., tr. dor. (*Rel. anc.*).

Exemplaire aux armes de GABRIEL. **Tachereau de Baudry**, *conseiller
d'État et intendant des finances.*
Légères mouillures; cachet sur le titre.

183. TRAITÉ de la police, où l'on trouvera l'histoire de son établissement, les fonctions et les prérogatives de ses magistrats,
toutes les loix et tous les réglemens qui la concernent; on y a
joint une description historique et topographique de Paris, et
huit plans gravés, qui représentent son ancien état, et ses divers
accroissemens: avec un recueil de tous les statuts et réglemens
des six corps des marchands, et de toutes les communautez des
arts et métiers, par M. DELAMARRE. *A Paris, chez Michel Brunet*,
1722-1738, 4 vol. in-fol., veau marb., dos orné, tr. rouges.
(*Rel. anc.*).

Seconde édition.

184. PRÉVOSTS DES MARCHANDS, échevins, procureurs du
Roy, greffiers, receveurs, conseillers, quartiniers de la ville
de Paris, par CHEVILLARD. *S. l. n. d. (Paris, 1708-1712)*, in-
fol., mar. rouge, semis de fleurs de lis sur les plats, pièces
d'armoiries au dos, dent. int., tr. dor. (*Rel. anc.*).

Exemplaire aux armes de la **Ville de Paris** et de PIERRE ANTOINE de
Castagnère, marquis de Chasteauneuf et de Marolles, *prévôt des marchands de la Ville de Paris.*
Riche reliure exécutée pour P. Ant. de CASTAGNÈRE dont les armoiries sont peintes sur un des premiers feuillets.
Titre général manuscrit en couleur et or. Les feuilles gravées et
coloriées, qui composent ce recueil, ont été publiées en 1708 et 1712
par *Chevillard*. Elles ont été découpées, et les armoiries ajoutées depuis
la publication des feuilles jusqu'en 1716 et 1789, et ont été dessinées et
coloriées au pinceau avec légendes manuscrites.
Ce recueil comprend 87 feuillets et une table.
Les plats et le dos de la reliure sont entièrement couverts d'un
semis de fleurs de lis.

185. GOUVERNEURS, capitaines et lieutenans généraux, prévosts des marchands, échevins, procureurs du Roy, greffiers, receveurs, conseillers, quartiniers de la ville de Paris, par CHEVILLARD. *S. l. n. d. (Paris, vers 1733)*, in-fol., mar. rouge, large dent., fleurs de lis au dos, dent. int., tr. dor. *(Rel. anc.)*.

Exemplaire aux armes de la **Ville de Paris**.

Belle et fraîche reliure, avec la dentelle, dite du Louvre. Elle fut exécutée pour le conseiller d'honneur, *Nicolas de* LESSEVILLE, dont les armoiries sont peintes sur un des premiers feuillets.

Le titre manuscrit est un résumé général des différentes feuilles gravées et coloriées, de *Chevillard*, qui ont été découpées pour composer ce recueil. Les dernières armoiries, ajoutées après la publication des feuilles, sont dessinées et coloriées au pinceau avec légendes manuscrites.

Ce recueil comprend 86 feuillets et une table.

Légères piqûres de ver dans la marge de quelques feuillets.

186. GOUVERNEURS, lieutenans de Roy, prévôts des marchands, échevins, avocats du Roi, greffiers, receveurs, conseillers et quartiniers de la ville de Paris. Gravées par BEAUMONT. *S. l. n. d. (Paris, vers 1740)*, in-fol., mar. rouge, comp. de fil. et large dent., fleurs de lis au dos, dent. int., tr. dor. *(Rel. anc.)*.

Magnifique exemplaire aux armes de EDME-LOUIS **Menu**, *avocat de la Ville de Paris au parlement*.

Superbe reliure du XVIIIe siècle, avec la dentelle dite du Louvre. Les angles sont ornés de pièces d'armoiries entourées de branches de feuillages.

Ouvrage entièrement gravé renfermant 117 planches d'armoiries.

187. CODE de la librairie et imprimerie de Paris, ou conférence du règlement arrêté au conseil d'état du Roy, le 28 février 1723, et rendu commun pour tout le royaume, par arrêt du conseil d'état du 24 mars 1744. Avec les anciennes ordonnances, édits, déclarations, arrêts, règlemens et jugemens rendus au sujet de la librairie et de l'imprimerie, depuis l'an 1332, jusqu'à présent (publié par SAUGRAIN). *A Paris, aux dépens de la commu-*

nauté, 1744, in-12, mar. vert, fil., pièces d'armoiries aux angles
et au dos, dent. int., tr. dor. (*Rel. anc.*).

Exemplaire aux armes de JEAN-CHARLES-PIERRE Le **Noir** *conseiller*
d'État et lieutenant de police.
Légère restauration au titre.

188. STATUTS et règlements pour la communauté des maistres
relieurs et doreurs de livres de la ville et université de Paris.
A Paris, de l'Imp. de P. G. Le Mercier, 1750, in-12, mar.
rouge, fil., fleurons aux angles, dos orné, dent. int., tr. dor.
(*Rel. anc.*)

Exemplaire aux armes de **Moreau de Plancy**, *président de la chambre*
des comptes de Paris.

189. ORIGINE de Messieurs les secrétaires d'état de la guerre et
de ceux qui ont eu l'administration de l'hôtel royal des Invalides depuis son établissement. Avec les différents emplois qui
ont été créés pour le service dud. hôtel et les appointements
pensions et gratifications qui y ont été attachés (par MORAND,
garde des archives de l'hôtel des Invalides). *S. l. n. d. (Paris.*
vers 1752). Manuscrit in-8, mar. rouge, large dent., dos orné,
doubl. et gardes de tabis bleu, dent. int., tr. dor. (*Rel. anc.*).

Aux armes de ANTOINE RENÉ **Voyer d'Argenson**, marquis de **Paulmy**,
auquel ce manuscrit est dédié.
Très belle reliure du XVIII⁵ siècle avec larges dentelles formées de
fers gras et élégants.

190. CODE de la police, ou analyse des règlemens de police,
divisé en douze titres, par M. D. (DUCHESNE). Deuxième édition, revue, corrigée et augmentée. *A Paris, chez Prault père,*
1758, in-12, mar. rouge, plaque dorée sur les plats, pièces
d'armoiries au dos, dent. int., tr. dor. (*Rel. anc.*).

Exemplaire aux armes de HENRI-LÉONARD-JEAN-BAPTISTE **Bertin**,
lieutenant-général de police.
Belle et fraîche reliure de *Dubuisson.*

191. ACTES DE NOTORIÉTÉ donnés au Châtelet de Paris, sur

la jurisprudence et les usages qui s'y observent, par M⁰ J. B.
DENISART. *A Paris, chez Savoye,* 1759, in-4. mar. rouge, fil.,
fleurons aux angles, dos orné, dent. int., tr. dor. (*Rel. anc.*).

Exemplaire aux armes de JÉRÔME **d'Argouges,** *lieutenant civil au Châtelet de Paris.*

192. **RENOUVELLEMENT DE L'HABILLEMENT DES GARDES DE LA
VILLE,** ordonné en 1768 pour l'époque du mariage de Monsieur le Dauphin. De la prévoté de M. Bignon et de l'échevi-
nage de MM. Vialard, Boucher d'Argis, de Lens et de La
Rivière; étant M. Jollivet de Vannal procureur du Roi.
M. Taitbout greffier en chef et M. Hay, colonel des dits
gardes. Pet. in-fol., mar. rouge, dent. fleurdelisée, pièces
d'armoiries aux angles et au dos, dent int., tr. dor. (*Rel. anc.*).

Manuscrit original aux armes de AUGUSTIN-EUGÈNE **Hay,** *colonel des
gardes de la Ville de Paris.*

Précieux recueil de 21 aquarelles, dont voici le détail : 1° Un titre,
avec une fort jolie vue de l'Hôtel de Ville dessinée à la plume, lavé
d'encre de Chine et d'aquarelle; devant l'hôtel sont représentés les
gardes de la ville, passés en revue par le prévot et les échevins; au-
dessous de cette vue, armoiries du prévot et des échevins de la ville.
— 2° Uniforme de l'officier. — 3° Uniforme du sergent-major. — 4° Uni-
forme du sergent. — 5° Uniforme de garde. — 6° Uniforme du tambour-
major. — 7° Uniforme du tambour. — 8° Uniforme des musiciens. —
9° Uniforme du timballier et trompette. — 10° Dessin des tabliers de
timballe. — 11° Dessin de l'étendard du côté des armes du Roi. — 12° Dessin de l'étendard du côté des armes de la ville. — 13° Dessin de la cornette du côté des armes du Roi. — 14° Dessin de la cornette du côté
des armes de la ville. — 15° Dessin de la banderolle de trompette du
côté des armes du Roi. — 16° Dessin de la banderolle de trompette du
côté des armes de la ville. — 17° Dessin du drapeau de la Colonelle.
18° Dessin des drapeaux. — 19° Dessin des galons de l'habit d'officier.
— 20° Dessin des galons des sergents et gardes. — 21° Bords de cha-
peaux des officiers, sergents et gardes.

Les aquarelles représentant ces divers uniformes sont d'une exécu-
tiondes plus remarquables.

193. **RECUEIL** des chartes, créations et confirmations des colonels, capitaines, majors, officiers, arbalestriers, archers, arque-
busiers et fusiliers de la ville de Paris, avec les vérifications,

arrêts et sentences concernant leurs privilèges, par M. Hay.
A Paris, de l'Imp. de Guillaume Desprez, 1770, in-4, mar. rouge,
fil. et large dent., angles et dos ornés, dent. int., tr. dor.
(*Rel. anc.*).

Bel exemplaire en GRAND PAPIER aux armes de A. J. B. **de Jassaud**,
Seigneur du Gué et de Courson.

Ouvrage contenant les portraits de Bignon et de Hay, 42 planches
colorées de maniements d'armes représentées par le même soldat. La
planche n° 3 n'existe pas et la planche 12 manque à cet exemplaire.

194. ARMORIAL de la chambre des comptes, depuis l'année
1506, époque où la maison de Nicolay a commencé de posséder
l'office de Premier Président de cette chambre, par Mademoiselle DENYS. *A Paris, chez l'auteur*, 1780, 2 vol. in-4, veau,
dos orné, tr. rouges (*Rel. anc. un peu fatiguée*).

Le tome premier est orné d'un frontispice gravé représentant les
armes de la maison de Nicolay et contient un état général de tous
les officiers de cette cour. Le tome second contient les ARMOIRIES COLO-
RIÉES des présidents et des conseillers-maîtres. La succession chronologique de la maison de Nicolay, à l'office de premier président, est précédée d'une aquarelle représentant les armes de cette maison.

195. MÉMOIRES sur les hôpitaux de Paris, par M. TENON.
A Paris, de l'Imp. de Ph.-D. Pierres, 1788, in-4, mar. rouge, fil.,
fleurons aux angles, dos orné, doubl. et gardes de tabis bleu,
dent. int., tr. dor. (*Rel. anc.*).

Exemplaire aux armes de J.-ANGE Broschi, pape **Pie VI**.
Cet ouvrage renferme 14 grands plans d'hôpitaux parisiens.

III. — PROVINCES ET VILLES

A. — GÉNÉRALITÉS

196. ANTIQUITEZ (Les) et recherches des villes, chasteaux, et places plus remarquables de toute la France, divisées en huict livres, selon l'ordre et ressort des huict parlemens. OEuvre enrichi tant des fondations, situations, et singularitez desdites villes et places, que de plusieurs choses notables concernantes les parlemens, jurisdictions, églises, et polices d'icelles, par André Du Chesne. *A Paris, chez Jean Petit-Pas*, 1609, 2 parties en 1 vol. pet. in-8 réglé, mar. rouge, chiffre aux angles et au dos, dent. int., tr. dor. (*Trautz-Bauzonnet.*)

Première édition de cet abrégé de l'ouvrage de Fr. de Belleforest.

197. PLANS (Les) et profils de toutes les principales villes et lieux considérables de France. Ensemble les cartes générales de chacune des provinces ; et les particulières de chaque gouvernement d'icelles, par le sieur Tassin. *A Paris, chez Michel Vanlochon*, 1638, 2 vol. pet. in-4, veau brun, dos orné (*Rel. anc.*)

Recueil de 411 cartes, plans et vues gravés en taille-douce ; quelques planches sont coloriées.

198. PLANS (Les) et profils des principales villes des duchez de Lorraine, et de Bar, comté de Bourgogne et païs adjacents

d'Artois. de Flandre, d'Alost, de Brabant, de Gueldre, de
Cambray; de Haynaut, de Namur, de Limbourg, de Luxembourg, de Catalogne, etc. dessinez sur les lieux et présentez au
Roy par le sieur de BEAULIEU. *A Paris, s. d.* (vers 1667) 4 vol.
in-4, oblong, veau fauve, dos orné, tr. verte (*Rel. anc.*).

Important recueil comprenant 459 cartes, plans et vues de villes,
dessinées par le chevalier de *Beaulieu.*

Ces figures, gravées par *Pérelle, R. de Hooghe,* etc., pour le Cabinet
du Roi, furent ensuite publiées sous le titre de *Conquêtes de Louis XIV* :
ces mots se lisent au frontispice d'une des parties de ce recueil.

On lit sur les plats de la reliure, en lettres dorées : « *A la substitution
du Valdec proche Soleure en Suisse MDCCXXVI.*

Exemplaire provenant de la bibliothèque de Destailleurs.

199. TOPOGRAPHIE FRANÇOISE, par Claude CHASTILLON,
Paris, 1641, in-fol., dans une reliure en veau marb. encad. de
fil., fleurons aux angles.

Réunion de 384 vues de villes et édifices, la plupart tirées à plusieurs
sur la même feuille.

Les dessins de ce recueil d'une grande importance paraissent avoir
été faits pendant les guerres de la Ligue par l'ingénieur chalonnais
Claude Chastillon.

Un certain nombre de planches sont détachées de la reliure.

200. TOPOGRAPHIA GALLIAE. *Amsterdam, Caspar Mérian,*
1660-1663, 4 vol. pet. in-fol., veau brun, dos orné (*Rel. anc.*).

Texte hollandais.

Ces quatre volumes, les plus recherchés de la collection, compren-
nent les provinces de France et renferment un grand nombre de cartes,
plans et vues, gravés en taille-douce.

Exemplaire très bien conservé.

201 VOYAGE littéraire de deux religieux bénédictins de la
congrégation de Saint Maur (Dom MARTÈNE et Dom DURAND.)
où l'on trouvera quantité de pièces, d'inscriptions et d'épitaphes, servantes à éclaircir l'histoire et les généalogies des
anciennes familles ; plusieurs usages des églises cathédrales et
des monastères, touchant la discipline et l'histoire des églises
des Gaules ; les fondations des monastères, et une infinité de

recherches curieuses et intéressantes qu'ils ont faites dans près
de cent évêchez et huit cent abbayes qu'ils ont parcouru.
A Paris, chez Florentin Delaulne, 1717, 2 parties en 1 vol. in-4,
mar. rouge, fil., fleurs de lis aux angles et au dos, dent. int., tr.
dor. (*Rel. anc.*).

Exemplaire aux armes de Louise Diane d'Orléans, dite **Mademoiselle de
Chartres**, *fille du Régent.*

Ouvrage estimé et recherché, surtout avec les deux parties.

202. MÉMOIRES intéressans pour servir à l'histoire de France,
ou tableau historique, chronologique, pittoresque, ecclésiastique, civil et militaire des maisons royales, châteaux et parcs
des Rois de France, par M. Poncet de La Grave. *A Paris, chez
Nyon, l'aîné*, 1788-1789, 4 vol. in-12, veau marb., dos orné, tr.
rouges (*Rel. anc.*).

Ouvrage orné d'un portrait de Charles V, d'un frontispice, et de
12 planches représentant des vues de châteaux royaux, gravées en
taille-douce par *N. Ransonnette.*

B. — ALSACE, ARTOIS
LORRAINE, VALOIS, VERMANDOIS

203. HISTOIRE de la province d'Alsace depuis Jules César jusqu'au mariage de Louis XV, roy de France et de Navarre.
Avec des figures en taille douce, des plans, des cartes géographiques et un recueil de pièces qui peuvent servir de preuves
aux faits importants, par le R. Père Louis Laguille. *A Strasbourg, chez Jean Renauld Doulssecker*, 1727, 2 parties en 1 vol.
in-fol., mar. rouge, dent., dos orné, dent. int., tr. dor. (*Rel. anc.*).

Frontispice, plans et cartes gravés en taille-douce.

204. COUTUMES générales d'Artois, rédigées dans un ordre didactique et méthodique, pour en faciliter l'intelligence, l'étude et l'usage, avec des notes et observations importantes et décisions récentes, par M. Roussel de BOURET. *A Paris, chez C. E. Chenault*, 1771, 2 vol. in-12, mar. rouge, fil., fleurons aux angles, dos orné, dent. int., tr. dor. (*Rel. anc.*).

Exemplaire aux armes de JEAN-LOUIS-MARIE **Le Bascle d'Argenteuil**, *grand-prieur de l'ordre du Mont-Carmel et de Saint-Lazare.*

205. HISTORIÆ Cambcronensis pars prior sive diva Camberonensis a Judaeo perfido quinquies icta et cruentata, duobus distincta libris. Accedit et divae Lumbisiolanae, sive a Ceraso, juxta Camberonem historia. Authore Reverendissimo D. Antonio LE WAITTE. *Parisiis, ex typographia Cramosiana*, 1672, in-4 réglé, mar. rouge, comp. de fil. à la Du Seuil, dos orné, dent. int., tr. dor. (*Rel. anc.*).

Exemplaire aux armes de **Louis, dauphin**, dit **Monseigneur**, *fils unique de Louis XIV.*

Fer très rare.

Histoire de l'abbaye de Cambron (département du Nord) de l'ordre de Citeaux.

206. DESCRIPTION historique de Dunkerque, ville maritime et port de mer très fameux dans la Flandre occidentale. Contenant son origine et progrès, la conversion de ses habitans au christianisme, l'institution de ses premiers magistrats, ses privilèges, ses sièges longs et pénibles, les révolutions auxquelles elle a été sujette et les aliénations qu'on en a faites en faveur de différens princes, par M. Pierre FAULCONNIER. *A Bruges, chez Pierre Vande Cappelle*, 1730, 2 tomes en 1 vol. in-fol., mar. rouge, fil., fleurons aux angles, dos orné, dent. int., tr. dor. (*Rel. anc.*).

Bel exemplaire aux armes de DANIEL-MARC-ANTOINE **Chardon**, *maître des requêtes de l'hôtel du Roi.*

Ouvrage orné de nombreuses gravures en taille-douce.

207. ANNALES ecclésiastiques et civiles des ville, chatellenie et prévôté d'Ivois, dit Carignan, en Luxembourg françois, enri-

chies de notes (par Delahaut). Manuscrit in-4, mar. rouge, large dent. à petits fers, fleurs de lis au dos, doubl. et gardes de tabis bleu, dent. int., tr. dor. (*Rel. anc.*).

Manuscrit d'une bonne écriture du xviii° siècle aux armes de Louis-Jean-Marie de Bourbon, duc de Penthièvre, *grand amiral de France*, auquel ce manuscrit est dédié.

Le domaine d'Ivois faisait partie des propriétés du duc de Penthièvre.

Riche et fraiche reliure du xviii° siècle. Parmi les larges dentelles qui ornent les plats, on remarque les pièces d'armoiries de la ville d'Ivois en Luxembourg.

208. DISCOURS des histoires de Lorraine et de Flandres. Au Roy trèschretien Henry II. S. l. n. d. (*Paris, Ch. Estienne*, 1552), in-4, veau brun (*Rel. anc.*).

Exemplaire en grand papier, avec la croix de Lorraine sur le dos de la reliure.

Ce *Discours* a été composé à la suite de la prise des villes de Metz, Toul et Verdun, dans le but de prouver des droits anciens et incontestables du roi de France sur la Lorraine et la France. On y trouve d'intéressants renseignements sur l'histoire ancienne de ces deux provinces.

209. HISTOIRE du duché de Valois, ornée de cartes et de gravures, contenant ce qui est arrivé dans ce pays depuis le temps des Gaulois, et depuis l'origine de la monarchie françoise, jusqu'en l'année 1703 (par l'abbé Cl. Carlier). *A Paris, chez Guillyn*, 1764, 3 vol. in-4, veau marb., dos orné, tr. rouges (*Rel. anc.*).

Les premiers feuillets du 3° volume sont atteints de légères moisissures.

210. PROMENADE ou itinéraire des jardins d'Ermenonville (par le comte C. St. X. de Girardin). *A Paris, chez Mérigot*, 1788, in-8, veau fauve, dos orné (*Rel. anc.*).

Ouvrage orné de 25 planches gravées à la manière du lavis par *Mérigot fils*.

On y a joint la planche du *Tombeau de Rousseau* à l'état d'eau-forte.

211. MÉMOIRES pour servir à l'histoire ecclésiastique, civile et militaire de la province du Vermandois, par M. Louis-Paul Col-

LIETTE. *A Cambrai, chez Samuel Berthoud*, 1771-1772, 3 vol. in-4, veau, dos orné, tr. rouges (*Rel. anc.*).

A la fin du tome III se trouve : LE POUILLÉ de tous les bénéfices du diocèse de Noyon, 1773, qui manque souvent.

C. — BEAUCE
BRETAGNE, MAINE, NORMANDIE

212. DESCRIPTION du château d'Anet (par LE MARQUANT). *A Chartres, chez la veuve Fr. Le Tellier*, 1776, in-12, mar. rouge, fil., dos orné, dent. int., tr. dor. (*Rel. anc.*).

Bel exemplaire.

213. HISTOIRE de la ville de Chartres, du pays Chartrain et de la Beauce, par M. DOYEN. *A Chartres, de l'Imp. de Deshayes*, 1786, 2 vol. in-8, mar. rouge, dent., dos orné, dent. int., tr. dor. (*Rel. anc.*).

Exemplaire de dédicace aux armes de LOUIS-PHILIPPE-JOSEPH, duc d'Orléans.

214. HISTOIRE de Bretagne, composée sur les titres et les auteurs originaux, par Dom Gui Alexis LOBINEAU. *A Paris, chez la veuve François Muguet, (Rennes)*, 1707, 2 vol in-fol., mar. brun, fil., dos orné, doubl. de mar. vert, large dent. int., tr. dor. (*Rel. anc.*).

Bel exemplaire aux armes de Louis XIV, frappées sur la doublure.
Ouvrage rare et fort recherché, orné de nombreux portraits et planches gravés.
Cassures à quelques feuillets et planches.

215. LIVRE doré de l'hôtel de ville de Nantes. *A Nantes, de l'Imp. de la veuve Ant. Marie, s. d.*(1752), in-12, mar. rouge, dent.,

hermine aux angles, dos orné, dent. int., tr. dor. (*Rel. anc.*).

Ouvrage très rare contenant les noms des maires et échevins de la ville de Nantes depuis 1564 jusqu'en 1752. Il est orné d'un frontispice représentant les armes de la ville et de 79 planches d'armoiries des différents maires de Nantes.

216. HISTOIRE ecclésiastique et civile de Bretagne, composée sur les auteurs et les titres originaux par Dom Pierre-Hyacinthe MORICE. *A Paris, de l'Imp. de Delaguette*, 1750-1756, 2 vol. — Mémoires pour servir de preuves à l'histoire ecclésiastique et civile de Bretagne, tirés des archives de cette province... par Dom Hyacinthe MORICE et D. E. CH. TAILLANDIER. *A Paris, de l'Imp. de Charles Osmond*, 1742-1746, 3 vol. — Ens. 5 vol. in-fol. mar. rouge, hermines aux angles et au dos, dent. int., tr. dor. (*Rel. anc.*).

Exemplaire en GRAND PAPIER aux armes de LOUIS **Phélipeaux de Saint-Florentin, duc de La Vrillière**, *ministre d'Etat*.

Ouvrage recherché surtout à cause des 3 volumes de *Preuves* qui présentent une infinité de documents curieux. Il est orné de belles et nombreuses planches gravées en taille-douce.

217. HISTOIRE de Sablé. Première partie par Monsieur MÉNAGE. *A Paris, chez Pierre Le Petit*, 1683, in-fol., mar. rouge, fil., chiffre au dos, dent. int., tr. dor. (*Rel. anc.*).

Exemplaire aux armes de JEAN-BAPTISTE **Colbert, marquis de Seignelay**.

Ouvrage recherché, renfermant des détails curieux relatifs à l'histoire du Maine et de l'Anjou.

On joint à cet exemplaire la seconde partie, parue en 1844 : in-12. demi-rel.

218. COUSTUMES du païs de Normandie, anciens ressors, et enclaves d'iceluy. *A Paris, pour Martin Le Mesqissier*, 1586, in-4 réglé mar. brun, fil., milieu et dos ornés de feuillages, tr. dor. (*Rel. anc.*).

PREMIÈRE ÉDITION de la nouvelle rédaction de la coutume de Normandie réformée en 1585.

Le Procès-verbal du 11 décembre 1585 est placé à la fin du volume et occupe 43 feuillets.

Piqûres de ver dans le bas de la marge de quelques feuillets.

219. MERCURE DE GAILLON (Le) ou recueil des pièces curieuses, tant hiérarchiques que politiques. *A Gaillon, de l'Imp. du chasteau archiepiscopal,* 1644, in-4, veau brun, dos orné (*Rel. anc.*).

> Recueil des plus rares et des plus importants pour l'histoire de la Normandie. Il a été imprimé au château de Gaillon où des presses avaient été installées sous la direction d'Henri Estienne par François de Harlay, archevêque de Rouen. Une partie des pièces sont l'œuvre de ce prélat ; d'autres sont relatives au château même de Gaillon.
>
> On connaît seulement deux ou trois exemplaires de cet ouvrage. Celui-ci est en très bon état de conservation, malgré une légère mouillure.

220. ABRÉGÉ de l'histoire ecclésiastique, civile et politique de la ville de Rouen, avec son origine et ses accroissemens jusqu'à nos jours. Contenant une description exacte des plus anciens monumens qui subsistent encore dans cette capitale de la province de Normandie, par M**** (Le Cocq de Villeray). *A Rouen, chez François Oursel,* 1759, in-12, front., mar. rouge, fil., pièces d'armoiries aux angles et au dos, dent. int., tr. dor. (*Rel. anc.*).

> Exemplaire aux armes de Louis **Phélypeaux de Saint-Florentin, duc de La Vrillière,** *ministre d'Etat.*

221. ABRÉGÉ de l'histoire ecclésiastique, civile et politique de la ville de Rouen, avec son origine et ses accroissemens jusqu'à nos jours, par M*** (Le Cocq de Villeray). *A Rouen, chez François Oursel,* 1759, in-12, front., mar. rouge, fil., attributs ecclésiastiques aux angles et au dos, dent. int., tr. dor. (*Rel. anc.*).

> Exemplaire aux armes de Louis-Sextius de Jarente de **La Bruyère,** *évêque d'Orléans.*

222. ACTE DE NOTORIÉTÉ, donné par douze gentilshommes de Normandie, à M. Le Marchant de Caligny. *A Paris, de l'Imp. de Hérissant père,* 1768, in-12, mar. rouge, dent., dos orné, dent. int., tr. dor. (*Rel. anc.*).

> Exemplaire aux armes de Michel-Ferdinand d'Albert d'Ailly, **duc de Chaulnes,** *lieutenant-général et gouverneur de la province de Picardie.*
>
> Jolie vignette en tête par *Marillier,* gravée par *Cor.*

223. ESSAI sur l'histoire de Neustrie ou de Normandie, depuis Jules César jusqu'à Philippe-Auguste; suivi d'une esquisse historique de la province, de 1204 à 1788 (par Charles-Gaspard de TOUSTAIN DE RICHEBOURG). *A Paris, chez Desenne*, 1789, 2 vol. in-12, mar. rouge, fil., dos orné, dent. int., tr. dor. (*Rel. anc.*).

224. INVENTAIRE des chartes, tiltres et papiers trouvés en la chambre des comptes de la Fère, concernans l'ancien domaine de Navarre. Manuscrit in-fol., mar. rouge, comp. de fil., fleurs de lis aux angles et au dos, tr. dor. (*Rel. anc.*).

> Aux armes d'AUGUSTIN **Dugué de Bagnols**, *conseiller d'État*.
> Copie manuscrite d'une belle écriture du xviii⁰ siècle.
> Ex libris de *l'abbé de Rothelin* à l'intérieur du volume.

225. HISTOIRE des pays et comté du Perche et duché d'Alençon. Où est traité des anciens seigneurs de Bellesme, comtes du Perche, Alençon, etc. ; des Rotrous vicomtes de Chasteaudun, et comtes de Mortagne et dudit Perche. Ensemble des princes de la Maison Royale, qui ont tenu lesdites provinces depuis S. Louys jusques à présent, par M. Gilles BRY. *A Paris, de l'Impr. de Pierre Le Mur*, 1620 — ADDITIONS aux recherches d'Alençon et du Perche. Esquelles sont insérées plusieurs lettres et déclarations du Roy pour Jean et René ducs d'Alençon, et desdits Jean et René au Roy ; le procès criminel fait audit René, contenant ses interrogatoires et déclinatoire par luy proposé, et l'arrest de la cour de parlement sur ledit déclinatoire et procès, etc., etc. Le tout recueilly par M. Gilles BRY, *Ibid.*, id., 1621, Ens. 1 vol. in-4, mar. rouge, dent., dos orné (*Rel. anc.*).

> Exemplaire aux armes de FRANÇOIS de Rignac, *procureur général à Montpellier*.
> Ouvrage rare ainsi complet.

D. — BERRY, BLAISOIS
BOURBONNAIS, BOURGOGNE, LYONNAIS
ORLÉANAIS, ORANGE, PROVENCE

226. RECUEIL de 88 opuscules relatifs à la province du Berry,
par le sieur CATHERINOT. *S. l. n. d. (Bourges,* 1660-1689), 2 vol.
in-4, portraits, mar. rouge à longs grains, dent., dos orné, doubl.
et gardes de tabis bleu, dent. int., tr. dor. *(Bozérian)* .

> Nicolas Catherinot, jurisconsulte, naquit au château de Susson, près
> de Bourges, le 4 novembre 1628. Il passa une partie de sa vie à recueil-
> lir un grand nombre de notes sur l'histoire du Berry; il les publia sous
> forme d'opuscules et par feuilles volantes de 4, 8 et 12 pages.
> Tous les sujets sont successivement traités : *Fondateurs du Berry,*
> *Ducs, Alliances, Fastes, Annales, Académies, Antiquités, Droit, Tribu-*
> *naux, Archevêques, Calvinisme, Annales typographiques, Architecture,*
> *Peinture, Coutumes,* etc. Ces pièces sont aujourd'hui de plus en plus
> rares et il serait fort difficile d'en réunir un aussi grand nombre.
> Très bel exemplaire.

227. HISTOIRE de Blois contenant les antiquitez et singularitez
du comté de Blois. Les éloges de ses comtes. Et les vies des
hommes illustres qui sont nez au païs blesois. Avec les noms
et les armoiries des familles nobles du même païs, par J. BER-
NIER. *A Paris, chez François Muguet,* 1682, in-4, carte et planches, mar. rouge, fil, chiffre au dos, dent. int., tr. dor. *(Rel.*
anc.).

> Exemplaire aux armes de FRANÇOIS de Savoie-Carignan, dit le prince
> Eugène.
> Importante histoire et description du château de Blois.
> Bel exemplaire relié par *Ant. Boyet.*

228. COUTUMES générale et locale de Bourbonnois, avec des

notes, par M. Ducher. *A Paris*, 1781, in-12, mar. rouge, fil.
dos orné, dent. int., tr. dor. (*Rel. anc.*).

229. RECUEIL de plusieurs pièces curieuses servant à l'histoire
de Bourgogne, choisy parmy les titres plus anciens de la
chambre des comptes de Dijon, des abbayes et autres églises
considérables, et des archives des villes et communautez de la
province, pour justifier l'origine des familles les plus illustres,
et pour instruire des anciennes loix, coustumes et privilèges
des villes de la Bourgogne, par feu messire Estienne Pérard.
A Paris, chez Claude Cramoisy, 1664, in-fol., figures, mar. rouge,
comp. de fil., fleurons aux angles, dos orné, dent. int., tr. dor.
(*Rel. anc.*).

Bel exemplaire.

230. ANNALES de Bourgongne (de l'an 1318 à 1482) par Guillaume Paradin de Cuyseault. *A Lyon, par Antoine Gryphius*,
1566. — HISTOIRE de Berry, contenant l'origine, antiquité,
gestes, prouesses, privilèges et liberté des Berruyers : avec
particulière description dudit païs. Le tout recueilly par Jean
Chaumeau. *A Lyon, par Antoine Gryphius*, 1566. — Ens. 2 ouvrages en 1 vol. in-fol., mar. vert souple, fil., milieu orné,
fleurs de lis au dos, tr. dor. (*Rel. anc.*).

Exemplaire ayant appartenu à *Philippe Desportes*, dont il porte la
signature sur le titre.
Ouvrages peu communs et recherchés.
Petites piqûres de ver dans le haut de la marge des derniers feuillets
du second ouvrage.

231. INVENTAIRE des chartes, tiltres et mémoires concernans
le Dauphiné qui sont en la bibliothèque de Monsieur de Thou,
en suitte duquel inventaire sont transcripts au long lesdicts
tiltres et mémoires. Manuscrit in-fol., mar. rouge, comp. de
fil., fleurs de lis aux angles et au dos, tr. dor. (*Rel. anc.*).

Aux armes d'Augustin **Dugué de Bagnols**, *conseiller d'État*.
Copie manuscrite d'une belle écriture du XVIIIe siècle.
Ex libris de l'*abbé de Rothelin* à l'intérieur du volume.

232. HISTOIRE civile ou consulaire de la ville de Lyon, justifiée par chartres, titres, chroniques, manuscrits, autheurs
anciens et modernes, et autres preuves, avec la carte de la
ville, comme elle étoit il y a environ deux siècles, par le
P. Claude François MÉNESTRIER. *A Lyon, chez Jean-Baptiste et
Nicolas de Ville*, in-fol., cartes et planches, mar. rouge, dent.
fleurdelisée, chiffre de Louis XIV au dos, dent. int., tr. dor.
(*Rel. anc.*).

> Bel exemplaire aux armes de **Louis XIV**.
>
> Seul volume paru de ce rare ouvrage; il traite de l'histoire de Lyon
> depuis les Gaulois jusqu'en 1400, avec six dissertations.
>
> La planche de l'horloge de Saint-Jean manque, comme dans la plu-
> part des exemplaires.

233. HISTOIRE (L') et discours au vray du siège qui fut mis
devant la ville d'Orléans, par les Anglois, le mardy 12 jour
d'octobre 1428, régnant alors Charles VII de ce nom, Roy de
Frâce. Contenant toutes les saillies, assaults, escarmouches et
autres particularitez notables qui, de jour en jour y furent
faictes : avec la venue de Jeanne la Pucelle et comment par
grâce divine, et force d'armes elle feist lever le siège de devant
aux Anglois, etc., par M. Léon TRIPAULT. *A Paris, imp. pour
Saturny Hottot*, 1577, in-4, vélin blanc (*Rel. anc.*).

> Ouvrage intéressant et recherché.
>
> Piqûres de ver dans le fond de la marge de plusieurs feuillets.

234. HISTOIRE de l'Église et diocèse, ville et université d'Orléans, par M. Symphorien GUYON. *A Orléans, chez Claude et
Jacques Borde*, 1650, in-fol., mar. rouge, fil., chiffre au dos,
dent., int., tr. dor. (*Rel. anc.*).

> Exemplaire aux armes de FRANÇOIS de **Savoie-Carignan**, dit le **prince
> Eugène**.
>
> Ouvrage intéressant pour l'histoire d'Orléans de 1200 à 1650; il ren-
> ferme notamment l'histoire de Jeanne d'Arc et de la guerre des Anglais
> en France.

235. HISTOIRE de l'Orléannois, depuis l'an 703 de la fondation
de Rome, jusqu'à nos jours, par le marquis de LUCHET.

A Amsterdam, et se trouve à Paris, chez Gueffier fils, 1766, in-4, mar. rouge, large dent., fleurs de lis aux angles et au dos, dent. int., tr. dor. (*Rel. anc.*).

Bel exemplaire aux armes de Louis Philippe, **duc d'Orléans,** *petit-fils du Régent.*

Tome Ier seul paru. Ce volume se termine par les preuves historiques. Riche reliure avec la dentelle dite *du Louvre,* sur les plats.

236. ESSAIS historiques sur Orléans, ou description topographique et critique de cette capitale, et de ses environs, augmentée d'un tableau chronologique et raisonné de ses évêques, rois, ducs, comtes, vicomtes, gouverneurs et lieutenans gén. au gouvernement; etc. (par Daniel Polluche et Ch. Nic. Beauvais de Préau). *A Orléans, chez Couret de Villeneuve,* 1778, in-8, mar. rouge, fil., fleurons aux angles, dos orné, doubl. et gardes de tabis bleu, dent. int., tr. dor. (*Rel. anc.*).

Exemplaire aux armes de Armand-Thomas **Huc de Miroménil,** *chancelier de France.*

Plan d'Orléans gravé par *Lattré* et joli portrait de Jeanne d'Arc gravé par *Le Mire.*

237. HISTOIRE de la noblesse du Comté-Venaissin, d'Avignon, et de la principauté d'Orange, dressée sur les preuves (par Pithon-Curt). *A Paris, chez David jeune et la veuve de Lormel,* 1743-1750, 4 vol. in-4, veau fauve, fil., dos orné, dent. int., tr. dor. (*Simier*).

Bel exemplaire de cet ouvrage estimé contenant un grand nombre de blasons gravés sur bois et de tableaux généalogiques.

238. HISTOIRE de l'exécution de Cabrières et de Mérindol, et d'autres lieux de Provence, particulièrement déduite dans le plaidoyé qu'en fit l'an 1551, par le commandement du Roy Henri II, et comme son advocat général en cette cause, Jacques Aubery. Ensemble une relation particulière de ce qui se passa aux cinquante audiances de la cause de Mérindol. *A Paris, chez Sébastien Cramoisy,* 1645, in-4, vélin blanc, tr. rouges (*Rel. anc.*).

Livre curieux et peu commun, publié par L. Aubery du Maurier, petit-neveu de Jacques Aubery.

239. ETAT (L') de la Provence, contenant ce qu'il y a de plus
remarquable, dans la police, dans la justice, dans l'église et
dans la noblesse de cette province, avec les armes de chaque
famille, par M. l'abbé R. D. B. (ROBERT de Briançon). *A Paris,
chez Pierre Aubouin*, 1693, 3 vol. in-12, figures de blasons, mar.
rouge, fil., pièces d'armoiries au dos, dent. int., tr. dor.
(*Rel. anc.*).

Bel exemplaire de dédicace aux armes de JEAN-ANTOINE de Riquéti,
marquis de Mirabeau.
Ouvrage devenu rare, intéressant pour la généalogie des familles de
cette province.

240. HISTOIRE de la ville de Marseille, contenant tout ce qui
s'y est passé de plus mémorable depuis sa fondation, durant le
tems qu'elle a été république et sous la domination des
Romains, Bourguignons, Visigots, Ostrogots, rois de Bourgogne, vicomtes de Marseille, comtes de Provence et de nos
rois très-chrétiens, par feu M. Antoine de RUFFI. *A Marseille, par Henri Martel*, 1696, 2 tomes en 1 vol. in-fol., mar.
rouge, large dent., fleur de lis aux angles, dos orné, dent.
int., tr. dor. (*Rel. anc.*).

Exemplaire aux armes de la **Ville de Marseille.**

241. HISTOIRE civile, ecclésiastique et littéraire de la ville de
Nismes, avec des notes et les preuves; suivie de dissertations
historiques et critiques sur ses antiquités, et de diverses
observations sur son histoire naturelle, par M. MÉNARD.
A Paris, chez Hugues-Daniel Chaubert, 1750-1758. 7 vol. in-4,
mar. rouge, dent., ornements aux angles, dos orné, dent. int.,
tr. dor. (*Rel. anc.*).

Très bel exemplaire de dédicace imprimé sur GRAND PAPIER aux armes
de LOUIS-FRANÇOIS-ARMAND **Wignerot du Plessis, duc de Richelieu,** *maré-
chal de France*, et de *son fils*, LOUIS-ANTOINE-SOPHIE, **duc de Fronsac.**
Cet ouvrage capital est orné de deux planches gravées par *Claude
Lucas* d'après *Marvye* et *Sicard* représentant des vues de la ville de
Nismes, d'un plan de la ville, gravé par *Cl. Lucas* d'après *Jean-Jac. Dor-
tain* et de vignettes gravées par *Fessard* et *Tardieu* d'après *Humblot.*
Belle et fraîche reliure.

242. HISTOIRE de l'isle de Corse, par M. de Pommereul. *Berne, chez la Société typographique*, 1779, 2 vol. in-8, veau porph., fil., dos orné, dent. int., tr. dor. *(Rel. anc.)*.

Bel exemplaire.

———— ————

E. — AUNIS ET SAINTONGE
GUYENNE ET GASCOGNE, FOIX ET BÉARN
LANGUEDOC ET ROUSSILLON

243. HISTOIRE de la ville de La Rochelle et du pays d'Aulnis, composée d'après les auteurs et les titres originaux, par M. Arcère. *A La Rochelle, chez René-Jacob Desbordes*, 1756-1757, 2 vol. in-4 plans, mar. rouge, fil., fleurons aux angles, dos orné, dent. int., tr. dor. *(Rel. anc.)*.

Exemplaire aux armes mosaïquées de Henri, duc de La Ferté-Senneterre, *maréchal de France*. Ce fer fut utilisé en 1757, pour cette reliure, par Philippe-Louis Thibault de La Carte, dit le marquis de La Ferté, dont la mère était petite-fille du maréchal, mort en 1681.

Très bel exemplaire de cet excellent ouvrage.

244. RECUEIL en forme d'histoire de ce qui se trouve par escrit de la ville et des comtes d'Engolesme : party en troys livres : le premier traicte de l'estat de la ville d'Engolesme, devant et au temps des premiers Roys françoys : le second, des comtes héréditaires d'Engomois, qui commencèrent soubz le Roy Charles surnommé le Chauve : et le tiers, despuis le temps que le comté fut réuni à la couronne par Philippes le Bel, jusques à maintenant, par Fraçois de Corlieu. *A Engolesme, par Jean de Minières*, 1566, in-4, veau fauve, chiffre au dos *(Rel. anc.)*.

Bel exemplaire aux armes de Marie Barbançon, 1re *femme de* Jacques-Auguste de Thou.

Première édition, rare.

245. HISTOIRE de la ville de Bordeaux. Première partie contenant les événemens civils et la vie de plusieurs hommes célèbres, par dom DEVIENNE. *A Bordeaux, chez Simon de La Court*, 1771, in-4, mar. rouge, fil., dos orné, dent. int., tr. dor. (*Rel. anc.*).

> Cet ouvrage n'a pas été terminé. La première partie, seule parue, est ornée d'un frontispice, gravé par *Simonet* d'après *Marillier*, représentant la ville de Bordeaux qui offre son histoire à la Renommée ; de deux plans gravés par *de La Gardelle*, et des portraits de Montaigne et de Montesquieu gravés par les *Voyer*.

246. HISTOIRE politique, ecclésiastique et littéraire du Querci, par M. de CATHALA-COTURE. *A Montauban, chez Pierre-Thomas Cazaméa*, 3 vol. in-8, veau marb., dos orné, dent. int., tr. rouges (*Rel. anc.*).

> A la fin du tome III, se trouve l'histoire du Siège de Montauban, en 1621, par l'*abbé de Teulières*, qui a continué l'histoire du Querci.

247. COUTUME (La) de Barège, conférée avec les usages, ou coutume non écrite du pays du Lavedan, de la ville de Lourde, de la baronnie des Angles, marquisat de Benac, et autres endroits dépendants de la province de Bigorre ; où l'on fait connoitre le véritable esprit et le sens de ces coutumes, soit en rapprochant leurs propres dispositions les unes des autres, soit en indiquant la manière dont elles sont interprétées dans l'usage ; et où l'on trouvera traitées un grand nombre de questions auxquelles ces coutumes peuvent donner lieu. Par Me. M. G. NOGUÈS. *A Toulouse, de l'Imp. de Me. J. Fr. Desclassan*, s. d. (1760), in-8, mar. rouge, large dent. dos orné, dent int., tr. dor. (*Rel. anc.*).

> Exemplaire de dédicace aux armes de LOUIS-FRANÇOIS-ARMAND **Wignerot du Plessis, duc de Richelieu,** *maréchal de France.*
> Riche et belle reliure.

248. HISTOIRE de Foix, Béarn et Navarre, diligemment recueillie, tant des précédens historiens, que des archives desdites maisons. En laquelle est exactement monstrée l'origine, accrois-

semens, alliances, généalogies, droicts, et successions d'icelles, jusques à Henri IIII, roy de France et de Navarre, seigneur souverain de Béarn, et comte de Foix, à présent régnant, par M. Pierre Olhagaray. *A Paris, chez David Douceur*, 1609, in-4, veau fauve, dos orné, dent. int., tr. rouges *(Rel. anc.).*

Première édition de cet ouvrage recherché et rare.

249. HISTOIRE de Béarn contenant l'origine des rois de Navarre, des ducs de Gascogne, marquis de Gothie, princes de Béarn, comtes de Carcassonne, de Foix, et de Bigorre; avec diverses observations géographiques et historiques, concernant principalement lesdits païs, par Me Pierre de Marca. *A Paris, chez la veuve Jean Camusat*, 1640, in-fol., mar. rouge, jans., dent. int., tr. dor. *(Amand)*

Bel exemplaire de cet ouvrage rare et recherché.

250. LOS FORS et costumas de Béarn. *A Lascar, per Joan de Saride*, 1625, in-8, titre gravé sur bois, mar. La Vall., fil., milieu, angles et dos ornés de feuillages, dent. int., tr. dor. *(Chambolle-Duru).*

Bel exemplaire de la seconde édition.

251. MÉMOIRES de l'histoire du Languedoc, curieusement et fidèlement recueillis de divers autheurs grecs, latins, françois et espagnols; et de plusieurs titres et chartes tirés des archifs des villes et communautez de la mesme province, et autres circonvoisines, par Me Guillaume de Catel. *A Tolose, par Armand Colomiez*, 1633, in-fol., mar. rouge, comp. de fil., fleurons aux angles, armoiries au dos, tr. dor. *(Rel. anc.).*

Exemplaire aux armes de Armand-Jean du Plessis, cardinal de Richelieu.

252. ANNALES de la ville de Toulouse depuis la réunion de la comté de Toulouse à la couronne: avec un abrégé de l'ancienne histoire de cette ville et un recueil de divers titres et actes pour servir de preuves ou d'éclaircissement à ces annales, par

M. G. Lafaille. *A Toulouse, chez Guillaume-Louis Colomyez*, 1687-1701, 2 vol. in-fol., mar. rouge, dos orné, dent. int., tr. dor. (*Rel. anc.*).

> Ouvrage estimé.
> Cachet de la bibliothèque de Neuilly sur les titres.

253. TRAITÉ de la noblesse des capitouls de Toulouse, avec des additions et remarques de l'auteur sur ce traité (par Germain Lafaille). *A Toulouse, de l'Imp. de Mᶜ Guillaume-Louis Colomyes*, 1707, in-4, mar. rouge, large dent., fleurs de lis au dos, dent. int., tr. dor. (*Rel. anc.*).

> Exemplaire aux armes de Louis-Auguste **de Bourbon, duc du Maine**, *fils naturel légitimé de Louis XIV et de Madame de Montespan.*
> Troisième édition revue, corrigée et augmentée de trois divers édits du Roy, et d'un catalogue de plusieurs nobles et anciennes familles de capitouls depuis la réunion du comté de Toulouse à la couronne.
> Cachet de la bibliothèque du Palais-Royal sur le titre.

254. TRAITÉ de la noblesse des capitouls de Toulouse, avec des additions et remarques de l'auteur sur ce traité (par Germain Lafaille). *A Toulouse, aux dépens de Jean-François Forest, s. d.* (1727), in-4, veau, fil., fleur de lis aux angles, dos orné, dent. int., tr. dor. (*Rel. anc.*).

> Exemplaire aux armes de la **Ville de Toulouse**.
> Quatrième édition, revue, corrigée et augmentée de plusieurs édits, chartes, déclarations et arrêts du Conseil.

255. HISTOIRE générale de Languedoc, avec des notes et les pièces justificatives : composée sur les auteurs et les titres originaux et enrichie de divers monumens, par deux religieux bénédictins de la congrégation de S. Maur (dom Claude de Vic et dom Joseph Vaissette). *A Paris, chez Jacques Vincent*, 1730-1745, 5 vol. in-fol., mar. rouge, fil., fleurons aux angles, dos orné, dent. int., tr. dor. (*Rel. anc.*).

> Bel exemplaire aux armes de Victor-Maurice **Riquet, comte de Caraman**, *lieutenant général*, et de **la province de Languedoc**.
> Une des meilleures histoires particulières de nos provinces.
> L'ouvrage est orné de nombreuses planches et vignettes gravées en taille-douce.

256. ARMORIAL des Etats de Languedoc, par M. GASTELIER de La Tour. *A Paris, de l'Imp. de Vincent*, 1767, in-4. veau marb., dos orné, tr. rouges (*Rel. anc.*).

Ouvrage bien exécuté, extrait du premier volume du *Nobiliaire historique de Languedoc* resté manuscrit. Les notes historiques ont été tirées de l'*Histoire générale du Languedoc*. Il contient les armes gravées du Roi, des commissaires de sa majesté, de la province, du clergé et de la noblesse, des 156 villes du Languedoc qui envoyaient des députés aux Etats de cette province.

Cachet de cire avec armoiries au bas du titre.

257. ÉTAT MILITAIRE, ÉCCLÉSIASTIQUE ET POLITIQUE DU ROUSSILLON. S. l., 1752, petit in-8 de 344 pp. et 15 ff. de table, mar. bleu, large dent., doubl. et gardes de tabis rose, dent. int., tr. dor. (*Rel. anc.*).

Manuscrit aux armes de MARC-PIERRE Voyer de Paulmy, comte d'Argenson, *ministre de la guerre*.

Ce précieux manuscrit, d'une belle écriture du XVIIIᵉ siècle, donne des renseignements sur le Roussillon: histoire de la province, nombre des habitants, noms et appointements des personnes ayant des charges militaires, religieuses et civiles, etc.

Le volume renferme un titre très orné aux armes d'Argenson, dessiné à l'aquarelle par *Chevalier*, 25 cartes et plans de la province. Parmi ceux-ci, très finement exécutés à l'aquarelle, nous signalerons : *Plan de la place d'armes de Perpignan, décorée pour les fêtes de Mgr. le duc de Bourgogne, le plan et profils de la salle de spectacle de Perpignan*, etc.

Outre ces 25 dessins, se trouve une série de 6 aquarelles reproduisant les costumes militaires des fusiliers montagnards du Roussillon.

Fraîche et jolie reliure.

IV. — BLASON
GÉNÉALOGIES, ÉTATS DE LA FRANCE

A. — SCIENCE DU BLASON

258. BLASON (Le) des armoiries, auquel est montrée la manière
que les anciens et modernes ont usé en icelles.... par Hierosme
BARA, reveu, corrigé et augmenté en ceste dernière édition par
B. R. D. E. L. R. *A Paris, chez Rolet Boutonné*, 1628, pet. in-fol.
réglé, mar. rouge, encad. de fil., fleurs de lis aux angles et aux
dos, dent. int., tr. dor. (*Rel. anc.*).

Excellent ouvrage orné de nombreux blasons gravés sur bois dans le
texte.

Le même volume renferme : 1° L'ESTAT et comportement des armes,
par M. Jean SCOHIER, *Paris*, 1630, figures ; 2° LE TABLEAU des armoiries
de France, par Ph. MOREAU, *Paris*, 1630, figures.

Quelques feuillets un peu tachés.

259. SCIENCE HÉROIQUE (La) traitant de la noblesse, de
l'origine des armes, de leurs blasons, et symboles, timbres,
bourlets, couronnes, cimiers, de la devise, et du cry de guerre
et des marques extérieures de l'escu de nos Roys, des Reynes,
et Enfans de France, et des officiers de la couronne, et de
la maison du Roy. Avec la généalogie succincte de la maison

de Rosmadec en Bretagne. Le tout embelly d'un grand nombre
de figures en taille-douce, sur toutes ces matières, par Marc de
Vulson, sieur de La Colombière. *A Paris, chez Sébastien
Cramoisy*, 1644, in-fol., mar. vert, fil., fleurons aux angles,
dos orné, tr. dor. (*Rel. anc.*).

> Première édition de cet important traité de la science du blason.
> Ouvrage orné d'un frontispice dessiné et gravé par *Grégoire Huret* et
> de nombreuses planches d'armoiries, gravées par *Samuel Bernard*.
> Exemplaire portant sur les plats une pièce des armoiries du prési-
> dent J.-J. de Mesmes.
> Quelques légères mouillures et petite piqûre de ver dans le bas de la
> marge des premiers feuillets.

260. MERCURE armorial, enseignant les principes et élémens
du blazon des armoiries, selon l'ordre et les termes qui se pra-
tiquent en cette science. Enrichy d'un bon nombre de figures
enluminées de couleurs propres pour l'intelligence du livre.
OEuvre curieux et nécessaire pour introduire la Noblesse dans
la connoissance des armes, par C. Segoing. *A Paris, chez
Alexandre Lesselin*, 1648, in-4, veau fauve, fil., dos orné. (*Rel.
anc.*).

> Exemplaire aux armes de Antoine-Gilbert-Allyre, marquis de
> Langeac.
> Ouvrage rare orné de nombreux blasons coloriés dans le texte.
> Reliure fatiguée.

261. VRAYE ET PARFAITE SCIENCE (La) des armoiries ou
l'indice armorial de feu maistre Louvan Geliot, apprenant et
expliquant sommairement les mots et figures dont on se sert
au blason des armoiries, et l'origine d'icelles. Augmenté de
nombre de termes, et enrichy de grande multitude d'exemples
des armes des familles tant françaises qu'estrangères, des insti-
tutions des ordres et de leurs colliers, des marques des dignités
et charges, des ornemens des escus, de l'office des Roys, des
hérauds, et des poursuivans d'armes, et autres curiosités des-
pendantes des armoiries, par Pierre Palliot. *A Dijon, chez*

Pierre Palliot, 1660, in-fol., veau, comp. de fil., fleurons aux angles, dos orné, tr. dor. (*Rel. anc.*).

PREMIÈRE ÉDITION de cet ouvrage estimé.

Dans cet exemplaire le frontispice, les vignettes, les lettres ornées, les blasons ont été *très soigneusement coloriés à l'époque.*

Reliure fatiguée.

262. DISCOURS de l'origine des armes et des termes récens et usités pour l'explication de la science héraldique. Orné et enrichy des blasons des roys, princes, et autres maisons illustres de la chrétienté, par Monsieur LE LABOUREUR. *A Paris, chez Jean Couterot et Louis Guérin*, 1684, in-4, veau marb., fil., dos orné, tr. dor. (*Rel. anc.*).

Exemplaire aux armes de JEAN-ARMAND Joyeuse.

Nombreux blasons dans le texte, gravés en taille-douce.

On a relié avec cet exemplaire : MARINE MILITAIRE ou recueil des différens vaisseaux qui servent à la guerre, suivis des manœuvres qui ont le plus de rapport au combat ainsi qu'à l'attaque et la deffense des ports, par OZANNE l'ainé. *A Paris, chez l'auteur, s. d.* — Ouvrage entièrement gravé, qui se compose d'un joli titre, d'un frontispice-dédicace et de 50 planches de texte avec des vignettes en-têtes et culs-de-lampe représentant des navires, des scènes de combats, etc.

Le titre du premier ouvrage est fortement taché.

B. — ORDRES DE CHEVALERIE

263. STATUTA hospitalis Hierusalem (edita et confirmata sub F. Hugone de Lombenx Verdula,… cum figuris earumdemque sententiis ac magnorum magistrorum imaginibus adjectis per Fr. Ptolomaeum Veltronium), cum indice materiarum. *Romae*, 1588, pet. in-fol. mar. vert, fil., chiffre aux angles et au dos, tr. dor. (*Rel. anc.*).

Exemplaire aux armes et au chiffre de CHARLES de Valois, comte d'Angoulême, *fils naturel de Charles IX et de Marie Touchet.*

Ouvrage rare, orné de 37 planches y compris le titre-frontispice,

gravées en taille-douce par *Thomassin*, dont 14 contiennent 52 portraits des grands maîtres de l'ordre et de F. Hugo de Loubenx Verdala.

264. MARTYROLOGE (Le) des chevaliers de S. Jean de Hierusalem, dits de Malte, contenant leurs éloges, armes, blasons,
preuves de chevalerie, et descente généalogique de la plus-part
des maisons illustres de l'Europe. Avec la suitte des grands-
maistres, cardinaux, archevesques, etc., de cet ordre; ensemble
leurs armes et blasons, et le catalogue de toutes les comman-
deries du mesme ordre, tant des hommes que des filles, par
F. Mathieu de Goussancourt. *A Paris, chez François Noel*, 1643,
2 vol. in-fol. réglés, mar. rouge, comp. de fil., fleurons aux
angles, dos orné, tr. dor. (*Rel. anc.*).

Cet ouvrage renferme 4 grandes planches généalogiques et plus de
500 planches d'armoiries gravées en taille-douce. Un feuillet est
déchiré, avec armoiries enlevées au premier volume.

Exemplaire provenant de la bibliothèque de Guyon de Sardière.

265. HISTOIRE des chevaliers hospitaliers de S. Jean de Jéru-
salem, appelez depuis les chevaliers de Rhodes, et aujourd'hui
les chevaliers de Malte, par M. l'abbé de Vertot. *A Paris, chez
Rollin*, 1726, 4 vol. in-4, mar. rouge, fil., dos orné à la grotesque, dent. int., tr. dor. (*Rel. anc.*).

Première édition.

Bel exemplaire en grand papier, de cet ouvrage orné du portrait de
l'auteur et de ceux des grands-maitres, avec leurs blasons, gravés par
L. Cars; il provient de la bibliothèque de Lamoignon, dont le cachet
est frappé sur la marge de quelques feuillets.

266. STATUTS de l'Ordre de Saint Michel. Manuscrit de la fin
du XVe siècle, in-8, demi-rel. chagrin rouge.

Copie manuscrite sur vélin d'une très belle écriture gothique de la
fin du xve siècle.

Ce manuscrit se compose de 6 feuillets pour la table des chapitres et
30 feuillets pour le texte des statuts.

L'ordre de Saint-Michel fut institué par Louis XI le 1er août 1469.

267. STATUTS de l'Ordre de St. Michel, (*Paris*), *de l'Imp. royale*, 1725, in-4, veau fauve, fil., dos orné, dent. int., tr. dor. (*Rel. anc.*).

Exemplaire en GRAND PAPIER aux armes de Louis XV : la couronne royale est surmontée d'une *gloire*.

Ouvrage orné d'un titre-frontispice gravé par *C. N. Cochin* d'après *Lud. de Boullogne* et de trois planches, gravées par *Ph. Simonneau fils*. représentant: le chapitre de l'ordre tenu par Henri II, en 1548 : le sceau et le contre-sceau de l'ordre : Martin du Bellay prêtant serment de chevalier, en 1555.

---

269. LIVRE (Le) des statuts et ordonnances de l'ordre du Benoist sainct esprit, estably par le très-chrestien roy de France et de Pologne Henry troisiesme de ce nom. *S. l. n. d. (Paris, vers 1578)*, in-4 réglé, mar. rouge, fil., dos fleurdelisé, tr. dor. (*Rel. anc.*).

Exemplaire aux armes de **Henri III**.

Les armoiries de ce prince sont accompagnées de l'emblème du Saint Esprit et dans les angles des chiffres couronnés du roi et de la reine Louise de Lorraine.

Provenance très rare.

Reliure légèrement restaurée.

270. NOMS (Les), surnoms, qualitez, armes, et blasons des chevaliers et officiers de l'ordre du S. Esprit, créez par Louis le Juste, XIII du nom, Roy de France et de Navarre, à Fontainebleau, le 14 may 1633. Avec les figures en tailles-douces, curieusement gravées, et représentant au vray les cérémonies et vestemens desdits sieurs chevaliers : et un ample discours sur ce qui s'est passé. Le tout recueilly par le sieur d'HOZIER. *A Paris, chez Melchior Tavernier*, 1634, in-fol., vélin blanc, comp. de fil., fleurs de lis aux angles et au dos, tr. dor. (*Rel. anc.*).

Cet ouvrage curieux est orné d'un frontispice représentant le Roi Louis XIII donnant l'accolade ; de 3 grandes planches d'*Abraham Bosse* consacrées au défilé, à la création et au festin des chevaliers. Ces trois cérémonies eurent lieu dans la cour, la chapelle et la grande salle de bal du château de Fontainebleau, que *Bosse* a soigneusement représentées. L'ouvrage contient 59 planches de blasons. Cet exemplaire renferme la planche 29 qui a été supprimée dans la plupart des exemplaires.

On a relié en tête du volume : LES ARMES, BLASONS DES CHEVALIERS DE L'ORDRE DU S. ESPRIT, créez par Louis XIII, en l'église des Augustins, par Jacques MORIN, sieur de la Masserie, *Paris, P. Firens, s. d.*, (1623), titre gravé et 79 planches de blasons.

Bel exemplaire.

271. THÉATRE ou tables contenant les noms, surnoms, qualités et armes, blasons de tous les chevalliers de l'ordre du Sainct Esprit depuis la première création jusque à présent (par Jean BOISSEAU). *A Paris, par Jean Boisseau*, 1651, titre et 13 ff. — RECUEIL des noms et armes des hommes plus illustres qui se sont signalés par quelques actions heroyques soubs chaque règne depuis Hugues Cappet, roy de France jusque à Louis 14ᵐᵉ à présent régnant (par Jean BOISSEAU). *A Paris*, chez Jean BOISSEAU, 1652, titre et 3 ff. — Ens. 1 vol. in-4, veau brun, comp. de fil., chiffre aux angles, au milieu et au dos (*Rel. anc.*).

A ces deux ouvrages gravés par *Boisseau*, on a joint 8 ff. anonymes qui ont été gravés par le même artiste et qui donnent les armes des princes, ducs et seigneurs les plus remarquables de France.

Ouvrages peu communs, parce qu'ils ont été généralement découpés.

272. ORDRE DU SAINT-ESPRIT. Créations de Henri III et Henry IIII, de Louis XIII et Louis XIIII. 2 vol. in-4, veau, dos orné, tr. rouges (*Rel. anc.*).

MANUSCRIT, d'une belle écriture du XVIIIᵉ siècle, donnant les noms, qualités, armes et blasons de tous les chevaliers de l'ordre du Saint-Esprit depuis la première création, faite par Henri III, jusqu'à la vingt-sixième création, faite par Louis XIV.

Les nombreux blasons qui composent ce recueil sont finement COLORIÉS. On y a joint quelques planches, gravées par *Pierre Firens*, provenant de l'ouvrage de Jacques Morin de La Masserie. Le tome I a 231 ff., le tome II a 252 ff.

Reliure fatiguée.

273. STATUTS et catalogue des chevaliers, commandeurs et officiers de l'ordre du Saint-Esprit, avec leurs noms, qualitez et postérité, depuis l'institution jusqu'à présent (par le P. SIM-

PLICIEN). *S. l. (Paris)*, 1733, in-fol., veau marb., chiffre et croix de l'ordre au dos, tr. rouges (*Rel. anc.*).

> Exemplaire aux armes de **Louis XV**; la couronne royale est surmontée d'une *gloire*.
>
> Ouvrage rare orné de 2 vignettes en têtes gravées par *N. C. Cochin* d'après les dessins de *Cazes*. Il contient de nombreux blasons dans le texte, gravés sur bois, et des additions manuscrites comprenant les promotions depuis janvier 1733 jusqu'en mai 1749.

274. STATUTS (Les) de l'ordre du St-Esprit, estably par Henri IIIme du nom, Roy de France et de Pologne, au mois de décembre l'an M.D.LXXVIII. (*Paris*), *de l'Imp. royale*, 1740, in-4 réglé, mar. rouge, dent., emblème de l'ordre aux angles, dos fleurdelisé, dent. int., tr. dor. (*Rel. anc.*).

> Bel exemplaire en GRAND PAPIER aux armes de **Louis XV**; la couronne royale est surmontée d'une *gloire*.

275. CATALOGUE des chevaliers, commandeurs et officiers de l'ordre du Saint Esprit, avec leurs noms et qualités, depuis l'institution jusqu'à présent (par G.-Fr. POULLAIN DE SAINT FOIX). (*Paris*), *de l'Imp. de Christophe-Jean-François Ballard*, 1760, in-4, tiré in-fol., veau marb., fil., milieu, angles et dos ornés des attributs du collier de l'ordre, dent. int., tr. dor. (*Rel. anc.*).

> Bel exemplaire, en GRAND PAPIER, aux emblèmes de **l'ordre du Saint-Esprit**.
>
> Superbe ouvrage au point de vue typographique. Il est enrichi de vignettes, fleurons, culs-de-lampe, lettres ornées, le tout dessiné par *Gravelot* et gravé par *Laurent Cars*. Les blasons des membres sont intercalés dans le texte, se rapportant à chacun d'eux. Ce travail, au point de vue de l'exécution et de l'exactitude, est supérieur à ceux publiés antérieurement.

---

276. MÉMOIRES historiques concernant l'ordre royal et militaire de Saint-Louis, et l'institution du mérite militaire (par MESLIN). *A Paris, de l'Imp. royale*, 1785, in-4, mar. rouge, large

dent., croix de l'ordre au milieu et au dos, doubl. et gardes de tabis bleu, dent. int., tr. dor. (*Rel. anc.*).

Bel exemplaire dans une fraîche et riche reliure du XVIIIe siècle, avec large dentelle à petits fers, et dont les plats et le dos sont ornés de la **croix de l'ordre de Saint-Louis**.

277. CATALOGUE des chevaliers de l'ordre du collier de Savoye, dict de l'Annonciade, avec leurs noms, surnoms, qualitez, armes, et blasons; depuis son institution par Ame VI, comte de Savoye.... fondateur, et premier chef et souverain d'iceluy, en l'an mille trois cens soixante deux, jusques à son Altesse royale Charles Emanuel II à présent régnant, Duc de Savoye.... chef, et souverain de l'ordre, par François CAPRE. *A Turin, chez Barthélemy Zavalte*, 1654, in-fol., mar. rouge, double encad. de fil. et dent. ornements à l'éventail aux angles, chiffre au dos et sur les plats, tr. dor. (*Rel. anc.*).

Bel exemplaire aux armes et au chiffre de **Charles Emmanuel II**, *duc de Savoie*.

Ouvrage somptueusement édité. Il est orné d'une planche sur bois représentant un chevalier de l'Annonciade en grand costume et de 270 blasons de la grandeur de la page. En regard de chaque blason, un texte explicatif est compris dans un encadrement orné.

278. MÉMOIRES sur l'ancienne chevalerie, considérée comme un établissement politique et militaire (par M. DE LA CURNE DE STE PALAYE.) S. l. 1753, in-4, mar. rouge, fil., pièces d'armoiries aux angles et au dos, dent. int., tr. dor. (*Rel. anc.*).

Bel exemplaire aux armes de JEAN-FRÉDÉRIC Phélypeaux, comte de **Maurepas**, *ministre d'État*.

C. — MAISON DE FRANCE
ÉTATS DE LA FRANCE — ALMANACHS

279. GRAND'MONARCHIE de France, composée par mess. Claude de Seyssel. Avec la loy salicque, qui est la première et principale loy des françois. *A Paris, par Galiot du Pré*, 1557, — HISTOIRE singulière du roy Loys XII.... faicte au parangon des règnes et gestes des autres roys de France ses prédécesseurs par Cl. de Seissel. *A Paris, chez Gilles Corrozet*, 1558. — Ens. 2 ouvrages en 1 vol. pet. in-8, veau marb. fil., dos orné, tr. rouges (*Rel. anc.*).

> Par suite d'une transposition, l'Histoire de Louis XII a été reliée au milieu du volume et *la Loi Salique* est placée à la fin.

280. RECUEIL des Roys de France, leurs couronne et maison, ensemble, le rengs des grands de France, par Jean du Tillet. Plus, une chronique abbrégée contenant tout ce qui est advenu, tant en fait de guerre, qu'autrement, entre les Roys et princes, républiques et potentats estrangers par M. J. du Tillet, évesque de Meaux. *A Paris, chez Jacques du Puys*, 1580, in-fol. réglé, mar. brun, fil., fleur de lis au dos, tr. dor. (*Rel. du XVIIe siècle*).

> Exemplaire aux armes de Alexandre de Bourbon, dit le **chevalier de Vendôme**, *grand prieur de France, fils naturel légitimé de Henri IV et de Gabrielle d'Estrées*.
>
> Première édition de cet important recueil composé de divers ouvrages du même auteur, parus séparément à différentes époques. Ce recueil est orné de nombreux portraits des Rois de France avec leurs blasons, gravés sur bois.
>
> Légère restauration au dos de la reliure.

281. RECUEIL des Roys de France, leurs couronne et maison. Ensemble, le rang des grands de France, par Jean du Tillet. Plus une chronique abbrégée contenant tout ce qui est advenu,

tant en fait de guerre, qu'autrement, entre les Roys et princes,
républiques et potentats estrangers, par M. J. du Tillet,
évesque de Meaux. En cette dernière édition, ont été adjoustez
les mémoires dudit sieur, sur les privilèges de l'Église Galli-
cane, et plusieurs autres de la cour de parlement, concernans
lesdits privilèges. *A Paris, chez Jean Houzé*, 1602, in-4 réglé,
mar. rouge, comp. de fil., milieu et dos ornés, tr. dor. (*Rel. anc.*).

Bel exemplaire de cet important recueil orné de nombreux portraits
des rois de France, avec leurs blasons, gravés sur bois.

282. MÉMOIRES, et recueil de l'origine, alliances, et succession
de la royale famille de Bourbon, branche de la maison de
France. Ensemble de l'histoire, gestes, et services plus mémorables, faictz par les princes d'icelle, aux Rois, et courône de
France (par Pierre de BELLOY). *A la Rochelle, par P. Haultin*, 1587,
pet. in-8, veau brun, dos orné, dent. int., tr. rouges (*Rel. anc.*).

Ouvrage fait en faveur de la maison de Bourbon contre celle de
Guise.

283. DESSEINS de professions nobles et publiques, contenant
plusieurs traictez divers et rares ; et entre autres, l'histoire de
la maison de Bourbon. Avec autres beaux secrets historiques,
extraicts de bons et authentiques mémoires et manuscripts, par
Antoine de LAVAL. *A Paris, chez Abel l'Angelier*, 1605, in-4, vélin
blanc à recouv. (*Rel. anc.*).

Livre rare.

284. EXCELLENCE (De l') des Roys et du royaume de France,
traitant de la préséance, premier rang et prérogatives des Roys
de France par dessus les autres, et des causes d'icelles, P. H.
B. P. (Hiérome BIGNON). *A Paris, chez Hiérosme Drouart*, 1610,
pet. in-8, mar. rouge, fil., chiffre au dos, tr. dor. (*Rel. anc.*).

Bel exemplaire aux armes de GASPARDE de **La Chastre**, 2ᵉ *femme de*
JACQUES-AUGUSTE de **Thou.**

285. TRAICTÉ de la loy salique, armes, blasons, et devises des
françois, retirez des anciennes chartres, pauchartes, chro-

7

niques et annales de France, par C. MALINGRE. *A Paris, chez Claude Collet*, 1614, in-12, veau fauve, dos orné, dent. int., tr. dor.

Blasons dans le texte gravés sur bois.

286. LOY SALIQUE (La), livret de la première humaine vérité, là où sont en brief les origines et auctoritez de la loy gallique communément salique, pour monstrer à quel poinct fauldra nécessairement en la gallique république venir : et que de ladicte république sortira ung monarche temporel, par Guillaume POSTEL. *A Paris, chez Lamy*, 1780, in-32, mar. rouge, fil., dos orné, doubl. et gardes de tabis bleu, dent. int., tr. dor. (Rel. anc.).

Jolie réimpression de l'édition de 1552. — Reliure de *Derome*.

287. HISTOIRE généalogique de la maison de France, avec les illustres familles qui en sont descendues. Divisée en deux tomes, par Scevole et Louis de SAINCTE-MARTHE. *A Paris, chez Abraham Pacard*, 1619, 2 vol. in-4, mar. vert, comp. de fil., fleurons aux angles, dos orné, tr. dor. (Rel. anc.).

Exemplaire aux armes de **Louis XIII**.
Ouvrage orné d'une estampe de *L. Gaultier*, représentant les armoiries de France et de nombreux blasons dans le texte, gravés sur bois.
PREMIÈRE ÉDITION de cet ouvrage estimé.
Mouillures aux premiers feuillets du tome II.

288. BLASONS (Les) des armes de la royale maison de Bourbon et de ses alliances, recherchées par le sieur de LA ROQUE. Le tout gravé en taille doulce. *A Paris, chez Pierre Firens*, 1626, pct. in-fol., veau marb., dos orné, tr. marb. (Rel. anc.).

Ouvrage imprimé sur le recto seulement. Il est orné d'un titre-frontispice, de nombreuses planches d'armoiries et d'une série de culs-de-lampe formés de fleurs, fruits, oiseaux, très délicatement gravés par *P. Firens*. Entre les feuillets 98 et 99 se trouve la belle estampe gravée par *P. Firens*, d'après le tableau de *F. Quesnel*, représentant le sacre de Louis XIII.
Les planches ont été souvent découpées ; c'est pourquoi, les exemplaires complets sont devenus très rares.

289. GÉNÉALOGIE de la maison royale de Bourbon avec les
portraicts et les éloges des princes qui en sont sortis, et les
remarques historiques de leurs illustres actions, depuis le Roy
S. Louis jusques à Louis le Juste XIII du nom, Roy de France
et de Navarre, par feu messire Charles BERNARD. *A Paris, chez
Nicolas de Sercy,* 1644, in-fol. mar. bleu, fil., fleur de lis aux
angles, dos orné, dent. int., tr. dor. (*Masson-Debonnelle*).

> Ouvrage rare publié par Charles Sorel, neveu de l'auteur.
> Il est orné d'une grande planche, se dépliant, attribuée à *A. Bosse,*
> avec les portraits de tous les ducs et duchesses de Bourbon, depuis
> Saint Louis jusqu'à Louis XIII.
> Bel exemplaire.

290. PRIVILÈGES (Les) anciens et nouveaux des officiers
domestiques et commensaux de la maison du Roy, de la Reyne
régente, de monseigneur le duc d'Orléans, de Mademoiselle,
de monseigneur le prince de Condé, et autres, par LA MARI-
NIÈRE. *A Paris, par Pierre Rocolet,* 1645, pet. in-8, vélin blanc
(*Rel. anc.*).

> Dans le même volume, 8 pièces diverses, déclarations, édits, etc.,
> concernant les officiers domestiques de la maison du Roi.
> Reliure fatiguée; un morceau du vélin est enlevé au premier plat.

291. ANNALES de la monarchie françoise, depuis son établissement jusques à présent, où l'on trouve l'origine de cette puis-
sante monarchie au delà du Rhin, son établissement dans les
Gaules; avec la vie et les actions les plus remarquables de
ses Rois, princes, et généraux d'armée ; le tout selon l'ordre
chronologique ; la succession généalogique des maisons royales
de France, de Lorraine, et des souverains qui en sont issus,
les médailles authentiques qui ont été frappées, depuis Phara-
mond jusqu'à la majorité de Louis XV, par M. de LIMIERS. *A
Amsterdam, chez l'Honoré et Châtelain,* 1724, 3 parties en 1 vol.
in-fol., veau marb., fil., dos orné, dent. int., tr. dor. (*Rel. anc.*).

> Exemplaire en GRAND PAPIER.
> Cet ouvrage est orné d'un frontispice dessiné et gravé par *Bernard
> Picart.* La première partie contient les événements les plus remarqua-

7*

bles arrivés sous les trois races. La seconde partie contient la succession généalogique, avec 7 grandes cartes généalogiques, des différentes branches de la maison de France, où sont gravés de nombreux blasons.

La troisième partie contient les médailles frappées sous les trois races, avec une explication historique sur 127 pages de planches de médailles et texte.

292. DISSERTATIONS sur différens sujets de l'histoire de France, par M. BULLET. *A Besançon, chez Charles Antoine Charmet*, 1759, in-8, demi-rel. mar. violet, coins, dos orné, tête dor., non rogné (*Niédrée*).

Bel exemplaire.

293. RECUEIL de mémoires et dissertations qui établissent que c'est par erreur et un mauvais usage que l'on nomme l'auguste maison qui règne en France la maison de Bourbon, que son nom est de France, et qu'entre toutes les maisons impériales et royales régnantes, elle est la seule qui ait pour nom de famille le nom même de sa couronne, etc. (par MM. de SALLO, de RÉAL, de SOZZI). *A Amsterdam et se trouve à Paris chez J. B. G. Musier fils*, 1769. — ADDITION au Recueil des mémoires et dissertations, concernant le nom patronymique de l'auguste maison qui règne en France, en Espagne, en Italie, avec des notes (par MM. SAINT-JULIEN, MENESTRIER, de SOZZI). *Ibid., id.*, 1770, 2 parties en 1 vol. in-12, veau, dos orné, tr. marb. (*Rel. anc.*).

Rare avec l'*Addition*.

294. ÉTAT (L') de la France, où l'on voit tous les princes, ducs et pairs, maréchaux de France, et autres officiers de la couronne ; les évêques, cours qui jugent en dernier ressort, les gouverneurs des provinces, les chevaliers des ordres, etc. Ensemble les noms des officiers de la maison du Roy, et le quartier de leur service : avecque leurs gages et privilèges, et l'explication des fonctions de leurs charges, côme aussi des officiers des maisons roïales, de la Reine, de monseigneur le Dauphin, de Madame la Dauphine, de Monsieur le duc

d'Orléans et de Madame. *A Paris, chez Pierre Trabouillet*, 1682,
2 vol. in-12, veau, dos orné, tr. rouges.

Cet état, rédigé par N. Besongne, est orné de nombreux blasons dans
le texte, gravés sur bois.

295. ÉTAT (L') de la France, contenant tous les princes, ducs et
pairs, et maréchaux de France; les évêques, les juridictions
du roïaume, les gouvernements des provinces, les chevaliers
des trois ordres du Roy, etc., les noms des officiers de la
maison du Roy, leurs gages et privilèges, et ceux de monseigneur le Dauphin, de monsieur le duc de Bourgogne et Madame
la duchesse de Bourgogne, de monsieur le duc de Bretagne, de
monsieur le duc de Berry, de Madame, de monsieur le duc
d'Orléans et madame la duchesse d'Orléans. *A Paris, chez Jérôme
Trabouillet*, 1708, 3 vol. in-12, mar. rouge, fil., dent. int., tr.
dor. (*Rel. anc.*).

Exemplaire aux armes de **Louis XIV**.
Cet état, rédigé par L. Trabouillet est orné de nombreux blasons
dans le texte gravés sur bois.

296. ÉTAT (L') de la France. Des qualités et prérogatives du
Roi. Généalogie abbrégée de la maison royale. Du clergé de la
cour. Des officiers de la chapelle-musique du Roi, de sa maison, de sa chambre, de sa garde-robe, des bâtimens et maisons
royales. *A Paris, chez David père*, 1749, 6 tomes en 7 vol. in-12,
figures de blasons, mar. rouge, fil., fleur de lis couronnée aux
angles, dos orné, dent. int., tr. dor. (*Rel. anc.*).

Exemplaire aux armes royales.
Cet état a été rédigé par les religieux bénédictins de la congrégation
de Saint-Maur.
Légère différence dans la reliure des tomes II et IV qui ont été
publiés en 1736. Le fer des armes royales n'est pas le même que celui
des autres volumes.

297. ÉTAT ET MENU GÉNÉRAL de la maison du Roy. Années
1736 et 1737, 2 vol. in-4, veau, dos orné, tr. rouges (*Rel. anc.*).

Manuscrits, d'une belle écriture, donnant l'état des personnes qui
doivent et ont droit de manger aux tables du Roi; le menu du grand et

du petit couvert du Roi, les jours gras et les jours maigres ; le menu des différentes tables : les dépenses ordinaires et extraordinaires arrêtées le premier janvier par le grand maître de la maison du Roi.

En 1736 et 1737, le grand maître de la maison du Roi était Louis-Henri de Bourbon-Condé, dit Monsieur le Duc.

298. ATLAS HISTORIQUE, ou nouvelle introduction à l'histoire, à la chronologie et à la géographie, ancienne et moderne, représentés dans de nouvelles cartes, où l'on remarque l'établissement des états et empires du monde, leur durée, leur chûte, et leurs différens gouvernemens ; la chronologie des consuls romains, des papes, des empereurs, des rois et des princes, etc., qui ont été depuis le commencement du monde, jusqu'à présent ; et la généalogie des maisons souveraines de l'Europe, par M. C*** (Henri-Abrah. CHATELAIN), avec des dissertations sur l'histoire de chaque état, par M. GUEUDEVILLE (et GARILLON). *A Amsterdam, chez Zacharie Châtelain*, 1720-1739, 7 vol. in-fol., veau fauve, dos orné, tr. rouges (*Rel. anc.*).

Exemplaire aux armes **royales**.

L'ouvrage renferme des frontispices et un grand nombre de cartes, planches de blasons, etc., gravés en taille douce, d'après *Bernard Picart* et *Romain de Hooge*.

Rare avec le *supplément* rédigé par de Limiers.

299. MÉMORIAL de chronologie généalogique et historique, pour servir de guide dans la lecture de l'histoire tant ancienne que moderne ; ouvrage contenant la succession des principaux souverains de l'antiquité et du dernier âge, ensemble celle de la maison royale de Bourbon et de toutes ses diverses branches, des princes et princesses du sang aujourd'hui existans, des ducs pairs ou non pairs, chanceliers, etc., avec les titres fondamentaux des honneurs dont ils jouissent et l'état actuel de leurs familles (par M. l'abbé Jacq. DESTRÉES). *A Paris, de l'Imp. de Ballard*, 1752, 2 vol. in-16, mar. vert, dent., dos orné, doubl. et gardes de tabis rose, dent. int., tr. dor. (*Rel. anc.*).

Exemplaire en GRAND PAPIER aux armes de MARIE-JOSÈPHE de **Saxe**, dauphine.

Très jolie et fraîche reliure du XVIIIe siècle, avec dentelle formée de filets courbes et rocailles.

3oo. TABLETTES historiques, généalogiques et chronologiques
(par Louis Chasot de NANTIGNY). *A Paris, chez Le Gras et
Giffart,* 1749-1757, 8 parties en 8 vol. in-24, demi-rel. veau
fauve, coins, tr. marb. (*Rel. anc.*).

Ouvrage donnant la succession des papes, empereurs, rois de l'histoire ancienne et moderne, des souverains de l'Europe, et principalement des Rois et Reines de France, des princes, ducs et chevaliers du
Saint-Esprit; ainsi que le nom des terres érigées en titre de marquisat,
de comté, etc.

3o1. ALMANACH ROYAL, 1700 à 1792, 93 vol. in-8 (*Rel. anc.*).

Collection complète qui se compose de 51 volumes en maroquin, dont
23 avec armoiries; de 7 volumes en vélin blanc, avec armoiries; et de
35 volumes en veau.

On y joint:

ALMANAC OU CALENDRIER pour l'année 1686, et pour les années 1692
à 1699, 9 vol. (*très rares*).

Ensemble: 102 volumes, en parfait état de conservation.

——— ———

D. — NOBLESSE — GÉNÉALOGIES

3o2. CATALOGUE des très illustres ducz et connestables de
France, depuis le roi Clotaire, premier du nom jusques à....
Henry deuxiesme: des chanceliers, des admiraulx, des mareschaux, des grands maistres, des prévotz de Paris (par J. LE
FÉRON). *A Paris, de l'Imp. de Michel de Vascosan,* 1555, 6 parties
en 1 vol. pet. in-fol. veau fauve, comp. de fil. et dent., milieu
en losange, dos orné, tr. dor. (*Rel. du* XVI° *siècle*).

PREMIÈRE ÉDITION.

Cet ouvrage est divisé en six parties ayant chacune un titre particulier; il est orné d'un grand nombre D'ARMOIRIES COLORIÉES.

Bel exemplaire.

3o3. CATALOGUE des noms, surnoms, faits et vies, des connes-

tables, chanceliers, grands maistres, admiraux et mareschaux
de France : Ensemble des prévosts de Paris, depuis leur premier establissement, jusques à très-haut, très-puissant, et très-
chrestien Roy de France et de Navarre, Henry IIII. OEuvre
premièrement composé et mis en lumière par Jean Le Féron,
et depuis reveu, corrigé et augmenté en cette présente édition
(par C. Morel). Avec la figure et blason de leurs armoiries. *A
Paris, par Fed. Morel*, 1598, pet. in-fol. réglé, vélin blanc, fil.,
milieu et dos ornés, tr. dor. (*Rel. anc.*).

> Edition peu commune ; inconnue au P. Lelong et à M. Bernd.
> Bel exemplaire de cet ouvrage orné d'un grand nombre de blasons
> gravés sur bois.

304. HISTOIRE des connestables, chanceliers, et gardes des
sceaux, mareschaux, admiraux, sur-intendans de la navigation,
et généraux des galères de France, des grands-maistres de la
maison du Roy, et des prévosts de Paris depuis leur origine ;
avec leurs armes et blasons. Ouvrage commencé, et mis au
jour par Jean Le Féron, l'an 1555. Reveu et continué jusques à
présent, augmenté de diverses recherches et pièces curieuses,
non encore imprimées, servans au plus grand éclaircissement
de ce recueil, par Denys Godefroy. *A Paris, de l'Imp. royale*,
1658, in-fol., mar. rouge, fil., chiffre au dos, dent. int., tr. dor.
(*Rel. anc.*).

> Bel exemplaire en GRAND PAPIER aux armes de **Louis XIV**.
> Cet ouvrage contient de nombreuses planches de blasons gravés sur
> bois.

305. ARMORIAL universel contenant les armes des principales
maisons, estatz et dignitez des plus considérables royaumes de
l'Europe, blazonnées de leurs métaux et couleurs, et enrichies
de leurs ornemens extérieurs. Corrigé et mis en ordre par
C. Segoing. *A Paris, chez N. Berey*, 1654, pet. in-fol., mar.
rouge, comp. de fil., fleurons aux angles, dos orné, dent. int.,
tr. dor. (*Rel. anc.*).

> Bel exemplaire de ce recueil de planches d'armoiries gravées par
> P. Nolin.
> Rare dans cet état.

3o6. HISTOIRE des secrétaires d'Estat, contenant l'origine, le
progrès, et l'établissement de leurs charges, avec les éloges,
les armes, blasons, et généalogies de tous ceux qui les ont
possédées jusqu'à présent, par le sieur FAUVELET-DU-Toc. *A
Paris, chez Charles de Sercy*, 1668, in-4, veau marb., dent., fleur
de lis au dos, tr. dor. (*Rel. anc.*).

> Exemplaire aux armes de **Louis XIV**.
>
> Sur les plats de la reliure, on lit en lettres dorées : *Collegii Flexiensis,
> Societatis Jesu*.
>
> Livre donné en prix à l'élève Jean de Courtomer, le 4 septembre 1713.
> Le certificat du P. Devancé, préfet des études du collège de La Flèche,
> est placé avant le litre.
>
> Le volume est orné de grandes planches de blasons gravés sur bois.

3o7. HISTOIRE des anciens seigneurs de Coucy, par le sieur
JOVET. *A Laon, chez J. Rennesson*, 1682, pet. in-12, veau fauve,
fil., dos orné, tr. rouges (*Rel. anc.*).

> Exemplaire aux armes de **Madame de Pompadour**.
>
> Ouvrage très rare, contenant de nombreux blasons dans le texte,
> gravés en taille-douce.

3o8. MÉMOIRES historiques, sur la maison de Coucy, encore
existante, sur la véritable aventure de la dame de Faïel, sur
Eustache de Saint-Pierre, par M. de BELLOY. *A Paris, chez
Delalain*, 1770. — PRÉCIS historique de la maison impériale
des Comnènes, où l'on trouve l'origine, les mœurs et les
usages des maniotes, précédé d'une filiation directe et recon-
nue par lettres-patentes du Roi du mois d'avril 1782, depuis
David, dernier empereur de Trébizonde, jusqu'à Démétrius
Comnène, actuellement capitaine de cavalerie en France (par
Démétrius COMNÈNE et le comte de MIRABEAU). *A Amsterdam*, 1784.
— Ens. 2 ouvrages en 1 vol. in-8, veau marb., dos orné, tr.
marb. (*Rel. anc.*).

3o9. FRANCE CHRÉTIENNE (La) ou estat des archevêchez et
évêchez de France; leur situation, leur distance de Paris, le
nom des cathédralles, et de leurs 1er évêques, le nombre de
ceux qui les ont possédé, et le blazon de ceux qui le possèdent
à présent. Dédiée à Monseigneur l'archevêque de Paris (par

Jacques Chevillard). *A Paris, chez Chevillard, s. d.,* 1692, in-4, mar. rouge, fil., dos orné, dent. int., tr. dor. (*Rel. de la fin du* xviii* siècle*).

Bel exemplaire de cet ouvrage qui se compose d'un titre-frontispice, d'une dédicace, d'un avis au lecteur, d'un extrait du privilège, de 90 feuillets donnant 1/8 blasons avec légendes, et d'une table de l'ordre des Métropoles et de leurs suffragans. Le tout gravé et colorié, sur le recto seulement par *Cl. Gournay.*

310. CATALOGUE alphabétique des archevêques, évêques, abbez et prieurs qui possèdent des bénéfices dépendans du Roy, leurs revenus, la taxe de Rome, et la date de leur nomination (par Jean Dagobert Antoine). *A Paris, chez d'Houry,* 1728, in-8, veau brun, dos orné (*Rel. anc.*).

Quelques soulignures et notes marginales à l'encre, d'une écriture ancienne.

311. HISTOIRE généalogique de la maison d'Auvergne, justifiée par chartes, titres, histoires anciennes, et autres preuves authentiques, par monsieur Baluze. *A Paris, chez Antoine Dezallier,* 1708, 2 vol. in-fol., veau fauve, chiffre au dos, tr. rouges (*Rel. anc.*).

Exemplaire au chiffre de J.-B. Denis **Guyon de Sardière.** Ce chiffre est frappé au dos des reliures.

Ouvrage orné de vignettes et culs-de-lampe par *S. Le Clerc.* Il contient un grand nombre de figures gravées dans le texte consistant en tombeaux, sceaux, blasons, etc.

312. TRAITÉ de la noblesse, de ses différentes espèces, de son origine, du gentilhomme de nom et d'armes, des bannerets, des bacheliers, des écuyers, et de leurs différences, du gentilhomme de quatre lignes, du noble de race, de la noblesse paternelle et de la maternelle, de la noblesse par adoption, de l'origine des fiefs, etc., etc., par messire Gilles André de La Roque, seigneur de La Loutière. *A Rouen, chez Nicolas Le Boucher,* 1710, in-4, veau marb., fil., dos orné, tr. mar. (*Rel. anc.*).

Exemplaire aux armes de Geoffroy-Macé **Camus de Pontcarré,** premier président au parlement de Normandie.

3i3. LISTE DES MARÉCHAUX de France qui ont été créés depuis le commencement du règne de Louis le Grand jusqu'à l'année 1712 et dont les armes sont en ce volume. — LISTE DES PRINCES et des princesses de la maison royale qui vivent en 1713, in-fol., veau, tr. rouges *(Rel. anc.)*.

> Aux armes de BARTHÉLEMY-FRANÇOIS **Thoissard**, *conseiller au parlement de Paris*.
>
> Recueil factice renfermant 78 grands blasons gravés en taille-douce, dont 54 pour les maréchaux et 24 pour la famille royale.
>
> Chaque blason porte le nom manuscrit du personnage avec les différentes dates de promotion et de décès.
>
> Le recueil est précédé des deux listes manuscrites des personnages dont les blasons sont représentés.
>
> Reliure très fatiguée.

3i4. SCIENCE (La) des personnes de la cour, de l'épée et de la robe, où l'on trouve une instruction sur la religion, l'astronomie, la géographie, l'histoire, la chronologie, les fables, le blazon, l'intérêt des princes, la guerre, les fortifications ; par le sieur de CHEVIGNY. *A Amsterdam, chez les frères Chatelain*, 1713, 3 vol. in-12, veau, dos orné *(Rel. anc.)*.

> Exemplaire aux armes de CHARLES-HENRI, **comte d'Hoym**.
>
> Ouvrage enrichi d'un frontispice, et de nombreuses planches et cartes, hors texte, gravées en taille-douce.

3i5. SCIENCE (La) des personnes de cour, d'épée et de robe, commencée par M. de Chevigni, continuée par Mr. de Limiers, revue, corrigée et considérablement augmentée par Mr. Pierre MASSUET. *A Amsterdam, chez Z. Chatelain et fils*, 1752, 9 tomes en 18 vol. in-12, veau marb., dos orné, tr. rouges.

> Ouvrage enrichi de frontispices, d'une dédicace gravée, et de nombreuses planches et cartes, hors texte, gravées en taille-douce.

3i6. SOUVERAINS (Les) du Monde. Ouvrage qui fait connoistre la généalogie de leurs maisons, l'étendue et le gouvernement de leurs états, leur religion, leurs revenus, leurs forces, leurs titres, leurs prétentions, leurs armoiries, l'origine historique des pièces ou des quartiers qui les composent, et le lieu

de leur résidence (traduit de l'allemand de Ferdinand-Louis
BRESLER). *A Paris, chez Guillaume Cavelier fils*, 1718, 4 vol. in-12,
veau fauve, fil., dos orné à la grotesque, dent. int., tr. rouges
(*Rel. anc.*).

Exemplaire aux armes de CHARLES-HENRI, **comte d'Hoym.**

PREMIÈRE ÉDITION de cet ouvrage intéressant orné de 20 planches
pliées de blasons gravés en taille-douce.

317. DICTIONNAIRE héraldique contenant les armes et blasons
des princes, prélats, grands officiers de la couronne et de la
maison du Roy; des officiers de l'Épée, de la Robe, et des
Finances. Avec celles de plusieurs maisons et familles du
royaume existantes, par Jacques CHEVILLARD le fils. *A Paris,
chez l'auteur*, 1723, in-12, mar. rouge, fil., fleurons aux angles,
dos orné, dent. int., tr. dor. (*Rel. anc.*).

Ouvrage entièrement gravé contenant 194 planches de blasons rangés
par espèces. Chaque planche contient 9 blasons.

Très bel exemplaire de ce livre qu'on trouve rarement relié en
maroquin.

318. HISTOIRE généalogique et chronologique de la maison
royale de France, des pairs, grands officiers de la couronne et
de la maison du Roy, et des anciens barons du royaume, avec
les qualitez, l'origine, le progrès et les armes de leurs familles;
ensemble les statuts et le catalogue des chevaliers, commandeurs, et officiers de l'ordre du S. Esprit. Le tout dressé par le
P. ANSELME; continuée par M. Du Fourny, augmentée par les
soins du P. Ange et du P. Simplicien. *A Paris, par la Compagnie
des Libraires*, 1726-1733, 9 vol. in-fol., mar. rouge, comp. de fil.,
fleurons aux angles, dos orné, dent. int., tr. dor. (*Rel. anglaise*).

Bel exemplaire en GRAND PAPIER de cet important ouvrage, orné d'un
frontispice gravé par *C. N. Cochin* d'après *Ch. Coypel*.

Un des rares exemplaires avec les BLASONS COLORIÉS.

Reliure très fraîche exécutée par *Thompson*.

319. GÉNÉALOGIES (Les) historiques des Rois, Empereurs, etc.,
et de toutes les maisons souveraines qui ont subsisté jusqu'à

présent; exposées dans des cartes généalogiques tirées des
meilleurs auteurs : avec des explications historiques et chronologiques, dans lesquelles l'on trouvera l'établissement, les
révolutions, et la durée des diférens états du monde, l'origine
des maisons souveraines, leurs progrès, alliances, droits,
titres, prétentions et armoiries (par Louis Chazot de Nantigny).
A Paris, chez Pierre-François Giffart, 1736-1738, 4 vol. in-4, veau
fauve, dos orné, tr. rouges (*Rel. anc.*).

Exemplaire aux armes de Charlotte **de Nassau Sarbruck**, *femme de*
Christian II, **comte de Birckenfeld**.

Ouvrage curieux et d'une grande exactitude, en partie tiré des *tables
de Jean Hubner*. Il contient de nombreuses planches de blasons et
tables généalogiques.

320. HISTOIRE généalogique de la maison du Châtelet, branche
puînée de la maison de Lorraine, justifiée par les titres les
plus autentiques, la plupart tirés du trésor des chartres de
Lorraine, tombeaux, sceaux, monnoyes et autres anciens monumens publics, par le R. P. Dom Augustin Calmet. *A Nancy, de
l'Imp. de la veuve de Jean-Baptiste Cusson*, 1741, in-fol., mar.
rouge, large dent., dos orné, dent. int., tr. dor. (*Rel. anc.*).

Bel exemplaire en grand papier aux armes de Florent-Claude, **marquis du Châtelet.**

Ouvrage orné de fleurons, vignettes et nombreuses planches, gravés
par *Aveline* et *Ravenet* d'après *Humblot.* Les blasons, gravés sur bois,
ont été coloriés anciennement.

321. GÉNÉALOGIE de la maison de Lefèvre, seigneurs Deau-
bonne, d'Ormesson, Damboyle, de Lezeau, etc. (par Jobert).
A Paris, 1754. Manuscrit in-4, mar. rouge, fil., chiffre aux angles
et au dos, doubl. et gardes de tabis bleu, dent. int., tr. dor.
(*Rel. anc.*).

Aux armes et au chiffre de la **maison de Lefèvre d'Ormesson.**
Le frontispice est une jolie aquarelle qui, dans un encadrement avec
guirlandes de fleurs, représente les armes de la maison d'Ormesson.
Intéressant manuscrit exécuté au xviii° siècle pour un membre de la
famille d'Ormesson et enrichi d'un grand nombre de blasons coloriés
avec grand soin.

322. **EXTRAIT DE LA GÉNÉALOGIE DE LA MAISON DE MAILLY**, suivi de l'histoire de la branche des comtes de Mailly, marquis d'Harcourt et de celle du marquis du Quesnoy. Dressé sur les titres originaux sous les yeux de M. de CLAIRAMBAUT généalogiste des ordres du Roy, et pour l'histoire par M*** (Pierre Lucas, dit le P. SIMPLICIEN). (*A Paris*) *de l'Imp. de Ballard*, 1757, gr. in-4, mar. vert, large dent. à petits fers, dos orné, dent. int., tr. dor. (*Rel. anc.*).

Exemplaire en GRAND PAPIER, aux armes de ADRIEN-MAURICE, duc de Noailles, *maréchal de France.*

Superbe reliure du XVIII⁰ siècle, de la plus grande richesse. Les plats sont décorés d'une large et belle dentelle de feuillages et d'ornements ; dans les angles on remarque un vase avec fleurs.

Titre et nombreux blasons gravés.

323. ARMORIAL des principales maisons et familles du royaume, particulièrement de celles de Paris et de l'Isle de France, contenant les armes des princes, seigneurs, grands officiers de la couronne et de la maison du Roi, celles des cours souveraines, etc., avec l'explication de tous les blasons, par M. DUBUISSON. *A Paris, aux dépens de l'auteur, chez H. L. Guérin et L. F. Delatour*, 1757, 2 vol. in-12, mar. rouge, plaque dorée sur les plats, pièces d'armoiries au dos, dent. int., tr. dor. (*Rel. anc.*).

Bel exemplaire très frais aux armes de GABRIEL-LOUIS-FRANÇOIS de Neutville, duc de Villeroi.

Riche reliure de *Dubuisson.*

Nombreuses planches d'armoiries très bien gravées et beau frontispice par *N. le Mire.*

324. ARMORIAL des principales maisons et familles du royaume, particulièrement de celles de Paris et de l'Isle de France. Contenant les armes des princes, seigneurs, grands officiers de la couronne et de la maison du Roi, etc., avec l'explication de tous les blasons, par M. DUBUISSON. *A Paris, aux dépens de l'auteur, chez H. L. Guérin et L. F. Delatour*, 1757, 2 vol. in-12,

mar. rouge, large dent., dos orné, dent. int., tr. dor. (*Petit
succ*. *de Simier*).

Bel exemplaire de cet ouvrage orné de nombreuses planches d'armoiries et d'un frontispice par *N. Le Mire*.

325. GRAND DICTIONNAIRE (Le) historique ou mélange
curieux de l'histoire sacrée et profane, qui contient en abrégé
l'histoire fabuleuse des dieux et des héros de l'antiquité
païenne ; les vies et les actions remarquables des patriarches,
des empereurs, des Rois, l'histoire des religions et sectes des
chrétiens, l'établissement et le progrès des ordres religieux
et militaires, les généalogies des familles illustres de France,
la description des empires, royaumes, etc., par M⁰ Louis MORÉRI.
A Paris, chez les libraires associés, 1759, 10 vol. in-fol., mar.
vert, fil., fleurons aux angles, dos orné, dent. int., tr. dor. (*Rel.
anc.*).

Bel exemplaire de cet ouvrage estimé orné d'un portrait de l'auteur,
gravé par *S. Thomassin* d'après *de Troye* et d'un frontispice gravé par
Thomassin d'après *Desmarets*.

326. CARTA EGECUTORIA de D. Bar^{me} Garcia Gaston, 1774,
pet. in-fol., mar. rouge, fil. et large dent., dos orné, tr. rouges
(*Rel. anc.*).

Aux armes de **Charles III**, *roi d'Espagne*.
Manuscrit sur vélin de 15 feuillets ; il est précédé des armes peintes
de la famille Garcia Gaston et orné de 4 jolies petites miniatures.
Ce brevet de noblesse, donné le 9 avril 1774, à Madrid, porte la signature autographe de Don Ramon Zazoy Ortega, juge et roi d'armes
d'Espagne.
En tête se trouve une copie manuscrite sur papier au sujet des
preuves de noblesse de la famille Garcia Gaston.
Jolie reliure espagnole.

327. HISTOIRE généalogique de la maison de Beaumont en
Dauphiné, avec les pièces justificatives pour servir de preuves
à l'histoire généalogique de la maison de Beaumont (par
M. l'abbé BRIZARD). *A Paris, de l'Imp. du cabinet du Roi*, 1779, 2 vol.

in-fol., mar. rouge, fil., dos orné, dent. int., tr. dor. (*Rel. anc.*).

Ouvrage orné d'une vignette gravée par *N. le Mire* d'après *Moreau*. Il contient de nombreux blasons gravés dans le texte.

Bel exemplaire en GRAND PAPIER, relié par *Tiger*, dont l'étiquette est collée à l'intérieur du premier volume.

3·8. DICTIONNAIRE de la Noblesse, contenant les généalogies, l'histoire et la chronologie des familles nobles de France, l'explication de leurs armes, et l'état des grandes terres du royaume aujourd'hui possédées à titre de principautés, duchés, marquisats, comtés, etc., soit par création, par héritages, alliances, donations, substitutions, mutations, achats, ou autrement, par M. de LA CHENAYE-DESBOIS. *A Paris, chez la veuve Dubois et chez Antoine Boudet*, 1770-1778, 12 vol. — RECUEIL de généalogies, pour servir de suite au dictionnaire de la noblesse. Premier recueil. *A Paris, chez Lamy*, 1783, 1 vol. RECUEIL de généalogies, pour servir de suite ou de supplément au dictionnaire de la noblesse. Second des supplémens. *A Paris, chez Badier*, 1784, 1 vol. — RECUEIL de généalogies, pour servir de suite ou de supplément au dictionnaire de la noblesse. Troisième des supplémens. *A Paris, chez Badier*, 1786, 1 vol. — Ens. 15 vol. in-4, veau porph., fil., fleurons aux angles, dos orné, dent. int., tr. dor. (*Rel. anc.*).

Bel exemplaire de cet ouvrage, avec les trois suppléments qui manquent généralement. Le troisième supplément est d'autant plus rare qu'il fut détruit pendant la révolution. Il est ici en demi-reliure dont le dos est semblable à celui des autres volumes. Les trois suppléments ont été rédigés par Badier.

ORDRE DES VACATIONS

PREMIÈRE VACATION

Le Lundi 25 Avril 1921

DEUXIÈME VACATION

Le Mardi 26 Avril 1921

86255. — PARIS, IMPRIMERIE GÉNÉRALE LAHURE

9, rue de Fleurus. 9